Dieses vorliegende Buch ist Teil der Buchreihe „Einweihung", in welcher ich über die mir gegebene Gabe der Kommunikation mit feinstofflichen Energien das Bewusstsein für die geistigen Welten erwecken und fördern möchte.

∞

Dieses Buch ist deiner Seele gewidmet.

Mögen diese Botschaften uns lange überdauern
und bis in alle Ewigkeit in unseren Seelen klingen.

Impressum

© 2015 by Silverline Publishing
Herstellung: BoD – Books on Demand
Cover- und Buchgestaltung: Anja Jakob; www.ey-jay.com
Lektorat: Birgit Groll, Benediktbeuern; www.birgit-groll-coaching.de
Grafik Stockerpoint

ISBN: 978-9962-702-17-7
Überarbeitung 2017

Kontaktinfo Sylvia Leifheit
www.sylvialeifheit.de
contact@silverline-publishing.com
www.facebook.com/SylviaLeifheit
www.worldangels.de/users/anajara

Bücher aus der Silverline Publishing gibt es in jeder Buchhandlung und in den bekannten Online-Shops.

Alle Rechte vorbehalten

*Liebe Seele,
geliebter Mensch,*

das Werk, das du nun in deinen Händen hältst, will dich berühren, wo deine vergessenen Sinne schlummern. Dazu bitte ich dich um deine volle Aufmerksamkeit und deine ganze Konzentration. Das, was ich dir hier zu berichten habe, wirkt alle Zeit und immerdar auf eurem Planeten. Und wenn du dich dafür öffnest, wirst du das Leben als eine neue, andere Bereicherung erfahren als bisher. Lebe in Verbundenheit mit diesen Kräften und du bist verbunden.

*Danke
Liebe
Ikarius*

Inhaltsverzeichnis

Liebe Seele (Vorwort Ikarius)   5
Einleitung   8
Über die Vermittlerin   9
Einführung in die kosmischen Gesetze   13
Die Wahrnehmungszustände der Feinstofflichkeit   16
Beipackzettel   18

Kapitel - Interviews

Die Feiertage aus feinstofflicher Sicht   22
Der letzte Mond   30
Die weißen Kugeln   42
Die Raunächte   56
Die heiligen Drei Könige   65
Ostern   67
Die Sommersonnenwende   70
Sommer   79
Halloween   84
Schlusswort   88
Fragen und Antworten   90

Nachwort   95
Bezugsquellen   96
Vorschau der bisherigen Werke   97

„Bewusstsein und Liebe sind feinstoffliche Elemente,
wie Feuer, Wasser, Luft und Erde Elemente unseres Planeten sind."

Sylvia Leifheit

Einleitung

Das Leben ist dazu da, in Freude schöne Erfahrungen zu machen und im besten Fall nur Liebe zu geben. Jedes andere Gefühl, das nicht mit Liebe unterstrichen ist, und jede Tat, die nicht aus einem liebenden Herzen entsteht, ist nicht im Einklang mit dem Kosmos und wird Resonanzen hervorrufen, die sich vielleicht in Krankheit oder anderen negativen Erfahrungen widerspiegeln werden.

Tatsache aber ist, dass es keinen Grund gibt, nicht im Einklang mit den Gesetzen zu handeln. Nicht einmal das Vergessen, das mit der Wahrnehmungsveränderung im Inkarnationsprozess einhergeht, darf die Verantwortung von uns nehmen - im Gegenteil. Jeder Mensch ist für sich selbst und seine Taten verantwortlich. Also muss auch jeder Mensch in dieser Eigenverantwortung den Prozess der Erkenntnis und damit der Reinigung ganz alleine durchwandern. Niemand kann ihm das abnehmen.

Lediglich um kosmische Hilfe können wir bitten, doch auch diese kann nur dort wirken, wo wir wirklich dazu bereit sind.

*

Über die Vermittlerin

Seit meiner frühen Kindheit bereise ich andere Welten. Wenn ich aus meinem Körper „heraustrat", war das oft verbunden mit dem Gefühl, als würde man mir einen Panzer abnehmen. Ich fühlte mich federleicht und frei von allen Zwängen des weltlichen Seins. Kehrte ich dann wieder zurück, fühlte es sich an, als würden mir tausend Tonnen schweres Blei um den ganzen Körper gelegt werden und alles wurde beklemmend und unangenehm heiß. Schon früh begann ich die Erlebnisse in den anderen Wahrnehmungswelten aufzuzeichnen.

Doch im Laufe der Jahre wuchs der Druck der „Armee Menschheit", wie ich sie nenne, mich doch den Regeln und Gesetzen des irdischen Seins anpassen zu sollen. Eingebunden in feste Strukturen fügte ich mich dem, und mit jedem Tag, an dem ich meine Gedankenfreiheit aufgab, verschwand meine Fähigkeit des Bereisens anderer Bewusstseinsebenen.
Bis ich sie fast vergessen hatte.

Doch eines Tages, inmitten einer ganz normalen Nacht, erinnerte sich meine Seele wieder an den Zustand der Freiheit. Das Tor wurde wieder geöffnet und ich schwor mir, von nun an nie wieder die Wahrnehmung der Getrenntheit, die die Menschen leben, als meine eigene Wahrnehmung zu akzeptieren.

In meiner Wahrnehmung gab es nie eine Trennung zwischen den Menschen und den feinstofflichen Energien. Im Gegenteil. Die Menschen kamen mir immer wie die Schüler einer Vorschule vor, die auf ihre sehr unbewusste und vernebelte Art versuchten, die Welt zu beherrschen, dabei jedoch noch nicht einmal das ABC konnten. Dementsprechend missverständlich betrachteten sie meine Art zu denken und zu handeln - bis ich es aufgab, die Gedanken zu teilen. Die Lieblosigkeit der Menschen ist vielfältig und ich hatte schlicht und ergreifend keine Lust mehr, sie zu provozieren. Also tat ich einerseits so, also sei ich Teil der „nie hinterfragenden und immer nur alles ausführenden Armee Menschheit" und andererseits erweiterte ich meine Gabe von Jahr zu Jahr immer mehr.

So lebte ich in dauerhafter Kommunikation mit Elfen, Zwergen, Engeln, Meistern, Lehrern, Schutzgeistern, Verstorbenen, hohen Energien aus Ebenen, die keinerlei Form mehr kennen - und so vielen mehr. Sie waren und sind Teil des Ganzen - wie wir alle Teil eines Ganzen sind.

Eine mich immer begleitende Kraft ist meine Neugier. Und vor allem ist es die Neugier, den Kosmos zu „verstehen". Wie eine feinstoffliche Wissenschaftlerin nutze ich meine Gabe der Kommunikation mit feinstofflichen Energien, um von ihnen Wissen zu erfahren. Nichts was ich jemals geschrieben habe oder schreiben werde, habe ich in anderen Büchern gefunden. Die Suche dort nach Antworten habe ich sehr schnell aufgegeben, da ich niemals eine derartige Vielfalt an Erklärungen für die wirkliche Ganzheit fand, wie ich sie erfuhr, wenn ich mit den feinstofflichen Energien Kontakt aufnahm.

Der Weg ist das Ziel und so hat mich der Forschergeist in mir immer weiter und weiter geformt, bis ich eines Tages vor dem Medium Joao de Deus stand, weil ich selbst aus den feinstofflichen Welten bis dato keine Antwort bezüglich meiner immer schwächer werdenden Augen finden konnte. Also hoffte ich, dass mir dort geholfen würde. Das wurde es, doch wie ich jetzt weiß, waren meine Augen nur ein Anker in eine Richtung, die ES in mir leben wollte. Denn ziemlich gegen Ende meiner ersten Reise zu Joao und den Wesenheiten sprach die Wesenheit aus ihm: „Du wirst eine Gabe entwickeln."

Für den Leser dieser Zeilen mag das nicht sehr „besonders" klingen, doch für mich bedeutete dieser eine kleine Satz die Welt. Denn ich wusste, es gibt jemanden, der meine Fähigkeit erkannte und mich sogar auch noch darin bestätigte. Ich fühlte mich wie ein Kind, das sich schon damit abgefunden hatte, immer alleine mit sich auf der Welt zu sein und das nun von jemandem an die Hand genommen wurde, der ohne Worte genau wusste, was des Rätsels Lösung war. Deshalb war dies nicht nur irgendein Satz für mich, sondern die Bestätigung, wieder mehr zu dieser Fähigkeit zu stehen und sie noch deutlicher zu leben.

Von da an veränderte sich meine innere Haltung mit jedem Schritt und jeder Antwort aus der geistigen Welt. Ich entwickelte mich zu einem Menschen, der die Verbindung mit allem bewusst erfährt und lebt und in dauernder Kommunikation mit anderen Ebenen und deren Energieformen steht.

Und damit war der Startschuss gegeben, das erste Buch mit dem bis damals erfahrenen Wissen zu veröffentlichen. Das 1x1 des Seins fasst dieses Wissen zusammen und soll so einen ersten Einblick in die Ewigkeit geben, wie sie sich meinem forschenden Geist, seit ich denken kann, offenbart. Jeder, der sich für das Wieso, Weshalb, Warum des Kosmos interessiert, findet dort erste Antworten.

Die Gabe hat sich weiter entfaltet. Ich kommuniziere mit Verstorbenen, mit Wesenheiten aus unterschiedlichen Ebenen und mit Tieren. Alles, was durch Bewusstsein belebt wird, trägt Informationen, die, wenn es erlaubt ist, gelesen werden können.

Um den Leserinnen und Lesern dieses Buches eine kleine Grundlage mit auf den Weg zu geben, will ich eine kleine Einführung in die kosmischen Gesetze geben, wie ich sie von den Wesenheiten der anderen Ebenen gelehrt bekommen habe. Das kann helfen, die kommenden Kommunikationen mit den Wesenheiten besser zu verstehen und einzuordnen. Daher bitte ich, dies vor den Botschaften dieses Buches sorgfältig zu lesen.

Einführung in die kosmischen Gesetze

Der Kosmos ist Energie.
Alles Sein ist eine Form von Energie und befindet sich daher dauerhaft in einem Prozess der Wandlung. Denn Energie kann nicht vergehen, sie verwandelt sich und damit auch ihre Formen.

Kosmische Energie hat ein Bewusstsein.
Anders als die durch Maschinen erzeugte Energie, ist die kosmische Energie aus einer Quelle entstanden und wird auch immer wieder zu ihr zurückkehren.

Diese Quelle ist eine nicht zu beschreibende Kraft.
Diese Kraft ist reines Bewusstsein ohne Form.

Die Seele ist die „erste Form" der Energie der Quelle. Sie nutzt die unterschiedlichen Energiezustände im Kosmos, um das Bewusstsein mit Erfahrung zu formen.

Für die Erfahrungen wählen die Energien unterschiedliche Formen. Eine Form ist das Inkarnieren in den menschlichen Organismus.

Energien können verunreinigen. Sind sie rein, nehmen sie die Ganzheit mit ihrem Bewusstsein wahr, sind die verunreinigt, ist die Wahrnehmung getrübt.

Verunreinigung geschieht beispielsweise im Inkarnationsprozess, durch falsche Nahrungsaufnahme oder aufgrund falscher Gedankenmuster. Dies führt dazu, dass der kosmische Energiefluss im menschlichen Körper blockiert wird.

Diese Blockaden/ Verunreinigungen sind dann die Ursachen für Krankheiten aller Art. Geistiger wie körperlicher Natur.

Die Reinigung des organischen Körpers sowie die Reinigung der Energie ist eine unverzichtbare Grundlage und obliegt der Verantwortung eines jeden Einzelnen.

Der Ausgleich ist fester Bestandteil der Reinigung. Nur dort, wo Energien ausgeglichen wurden, kann Heilung beginnen.

Der eigentliche Heilungsprozess wird durch den wieder gesunden Energiefluss im Körper eingeleitet.

Der Körper ist durch die Verbindung seiner seelischen Energie in ihm stets von der Energiezufuhr aus dem Kosmos „abhängig". Wird die Verbindung in den Kosmos gestärkt, so steigt die Lebenskraft im Körper und damit auch seine Heilkraft.

Jedes Lebewesen, jede Pflanze, jede „Form", die der Kosmos hervorgebracht hat, ist aus der Energie der Quelle entstanden und auf ewig mit ihr verbunden. Diese Verbindung ist immerdar, doch wird sie durch die Verunreinigung des Bewusstseins oftmals gar nicht mehr wahrgenommen. Das ist die Ursache für negative Gefühle, wie zum Beispiel Depression, Einsamkeit, Angst und Hass.

Mit jedem Grads der Reinigung verändert sich die Wahrnehmung und all diese Symptome verschwinden. Gleichzeitig steigt die Wahrnehmung der Ganzheit. Feinstoffliches wird sichtbar.

Der Kosmos ist unendlich. Dennoch ist es für uns Menschen hilfreich, eine grobe Übersicht der „wichtigsten" Zustände zu kennen. Ich habe das in meinem Buch „Das 1x1 des Seins" meiner bisherigen Wahrnehmung gemäß katalogisieren können.

Ist die Wahrnehmung getrübt durch Verunreinigung des Bewusstseins, bringt die schöpferische Kraft, geleitet durch unseren freien Willen, das Ego hervor. Ein Teufelskreis beginnt. Das Ego lenkt uns immer weiter aus der Verbindung in die Erfahrung der Getrenntheit hinein.

Die Erfahrung von Liebe ist die Erfahrung der Verbindung. Wer liebt, ist verbunden, wer verbunden ist, heilt.

Ausführliche Beschreibungen und Erklärungen zu diesen Themen findest du in meinem Buch: *Das 1x1 des Seins.*

Die Wahrnehmungszustände der Feinstofflichkeit

Die Quelle
ist die Sphäre hinter, vor, über, unter und inmitten aller Materie. Sie ist der höchstschwingende Zustand und damit erreichbar von überall. Jede Energie kann den Zustand der Quelle erreichen (zu ihr zurückkehren). Da alle Energieformen mit dieser Quelle immer verbunden sind, ist sie nicht als Ebene einzuordnen, sondern als alles durchdringende Allkraft.

Etwas anders ist das bei den anderen Ebenen, die ja folglich auch nur Teile der Quelle sind, weil sie aus ihr heraus entstehen.

Die 7. Welt
ist die Ebene der ersten Form. Hier entstehen kleinere Energieeinheiten aus dem großen Meer an Energie. Die individuelle Energieeinheit „Mutterseele" entsteht. Und diese bringt noch kleinere Einheiten an Energie hervor: Die Seelen.

Die 6. Welt
ist die erste Ebene, in der die Formen soweit individualisiert sind, dass es möglich ist, sie zu kontaktieren und sich mit ihnen auszutauschen. Hier befindet sich die „Weise Bruderschaft", mit denen ich sehr engen Kontakt pflege und deren Wissen ich oft festhalte.

Die 5. Welt
ist die Ebene der Stabilisation. Hier sind Wächter- und Meisterener-

gien zur Stelle, die kosmische Verunreinigungen reinigen, die nicht an eine Seele gebunden sind. Sie lenken durch Ausgleichsenergien die Harmonie allen Seins. König Salomon ist eine der Energien, die aus dieser Ebene wirkt. Die Weise Bruderschaft wirkt ebenfalls mit den Wesen dieser Ebene zusammen, wenn es nötig ist.

In der 4. Welt
finden sich „Meisterenergien der besonderen Qualitäten", die archivierend, stabilisierend und helfend in den kosmischen Prozess eingreifen. Die Weise Bruderschaft nutzt auch diese Energien, um zu wirken. Insgesamt ergibt dieses große Kraftfeld das, was die Menschen als „weise Energie" bezeichnen.

Die 3. Welt
ist die Welt der uns bekannten Meister.

Die 2. Welt
ist die Welt der Energien, die die Menschen gerne als Engelsenergien bezeichnen.

Die 1. Welt
ist die Welt der Verstorbenen. Hier finden sich helle Zustände sowie dunkle Bereiche. Welcher Bereich nach dem Übergang wahrgenommen wird, entscheidet ausschließlich die Reinheit des Geistes.

Beipackzettel

Meine Gabe ist es, Energien so stark zu „fühlen", als seien sie Teil meines Körpers. Jeder noch so kleine Muskel wird dabei durch diese feinstofflichen Energien gelenkt. Ich habe im Laufe der Zeit durch viele Übungen einen Weg gefunden, das Wissen dieser Energien so zu kanalisieren, dass es für uns verständlich wird.Dabei begebe ich mich in einen meditativen Zustand, vollziehe bestimmte Regeln des Schutzes und dann lasse ich die jeweils erfühlte Energie durch die Bewegung meiner Muskeln schreiben. Im wahrsten Sinne des Wortes schreiben sich die Buchstaben einer nach dem anderen von Geisterhand. Nie weiß ich, wenn der erste Buchstabe sich schreibt, welches Wort sich schließlich formen will. Dies fordert meine vollste Hingabe und Konzentration, doch ist dieser meditative Zustand gleichzeitig sehr entspannend und gibt mir unendlich viel Kraft. Die kosmische Energie, die dabei ungebremst durch mich fließt, nimmt mir keine Kraft sondern erfüllt mich ausschließlich mit einem sehr weiten, unendlichen Gefühl an Liebe und Vertrauen.

Die Antworten des Kosmos fließen sehr schnell im Vergleich zu unseren menschlichen Abläufen, sodass ich im Laufe der Zeit diese Art des „Schreiben lassens" etwas verfeinern wollte und einen Weg fand, der nicht mehr an das Schreiben auf Papier gebunden ist, sondern die Hand in der Stellung eines bestimmten Mudras ohne Stift bewegen läßt.

Ich befinde mich während der Gespräche in einer anderen Wahrnehmung, die derjenigen ähnlich ist, wenn wir träumen. Das hat „leider" zur Folge, dass ich mir keine der Antworten merken kann. Und da sich die Botschaften nun nicht mehr auf Papier schreiben, spreche ich das, was sich schreibt, gleichzeitig laut aus und lasse dabei immer ein Band laufen. Das ermöglicht, dass ich einerseits jede einzelne Antwort wortgenau festhalten kann und gleichzeitig ermöglicht es eine vielfachere Geschwindigkeit. als die, wenn die Botschaften sich über einen Stift und der möglichen Bewegung auf dem Papier festhalten würden. Du liest daher den direkten Dialog, genau so wie er sich schrieb. Die Energien/Wesenheiten, die ich dabei kontaktiere, nutzen meinen Wortschatz und mein Wissen, um die Antworten zu schreiben. Es ist, wie den Finger in ein Meer aus Informationen zu halten aber nur mit meinen Messgeräten diese dann verständlich für die Menschen aufzubereiten.

Ich werde und darf die Antworten der Wesenheiten niemals verändern, da ich als Kanal diene und nicht als wertender Filter. Das eine oder andere Mal mag es etwas ungewohnt sein, einen mündlichen Dialog zu lesen, doch es vermittelt gleichzeitig auch ein Gefühl für das jeweilige Wesen.

Jede Antwort formt meine weiteren Fragen. Ich setze unbewusst das Wissen aus all den vorherigen Antworten voraus, daher ist es in jedem Fall ratsam, dass ihr die anderen Werke auch einmal gelesen habt.

Kein Mensch und auch keine Wesenheit ist allwisswend, doch schenken sie uns in diesen Dialogen gerne ihre Art der Wahrnehmung. Die Durchsagen fordern daher von den Lesern auch eine gewisse Bereitschaft, die alten Formen unseres Glaubens in Frage zu stellen und einmal aus einer anderen Perspektive zu betrachten.

Ich wünsche dir viele erweiternde Erkenntnisse und vielleicht auch die Antworten auf schon lange unbeantwortete Fragen. Wenn du wirklich bereit bist und dich öffnest, wirst du sie hier finden!

Interviews

Die Feiertage aus feinstofflicher Sicht

Ich bitte um den Schutz und die Erlaubnis, mit dem Freund der Indianer sowie mit Ikarius zu sprechen. Freund der Indianer, ich spreche dich als Ersten an, weil wir dich kennen. Ich begrüße dich.

Hallo.

Was möchtest du zu Beginn dieses Werkes den Menschen mit auf den Weg geben?

Das Leben ist eine Abfolge der elementaren und lebenskorrelierenden Wirkungsfelder. Die Qualität, wie ihr es benennen würdet, der einzelnen Tage, materialisiert die Qualität der Feinstofflichkeit dahinter. Damit möchte ich sagen, dass die Liebe und das Bewusstsein das Leben lenken, doch die Werkzeuge des Kosmos letztlich die Qualitäten der Welten ausmachen, im Sinne von, dass ihre Wechselwirkungen und Verbindungen zueinander die Lebensqualität des einzelnen Momentes ausmachen. Darüber möchten wir nun berichten, damit die Menschen dieses Wissen nutzen und diese feinstofflichen Qualitäten noch mehr in ihren Alltag übernehmen. Das Wissen um die Materialisierung dieser Qualitäten bringt viele Möglichkeiten mit sich. Doch wie immer auch viel Verantwortung. Daher möchte ich, wie zuvor im anderen Werk, diese Verantwortung unterstreichen und deinen Lesern das Versprechen dazu abnehmen. Bitte atme tief durch und sprich diese Worte nun leise vor dich hin, während du sie liest:

Das Wissen, das ich hier erfahre, und die besondere Verbindung, die wirkt, beschütze ich für alle Zeit vor dem Missbrauch der Kraft des Eigennutz und der Lieblosigkeit.
Dieses Wissen hier darf ich nur durch die dankbare, liebevolle Führung meiner Seele weiter entfalten und nutzen.
Doch niemals um anderen Leid zuzufügen.
Daher verspreche ich nun verantwortungsvoll und heilig, dass dieses Wissen um die Gesetzmäßigkeiten des Kosmos und letztlich die Gesetzmäßigkeiten der Natur nur für die Entfaltung der Seelen und ihrer Freiheit verwendet wird.
Das verspreche ich tief in meiner Seele und werde mit Nicht-Erlaubnis blockiert, falls ich dieses Versprechen brechen werde. Denn alle Verantwortung liegt bei mir, dieses Wissen zu beschützen und zu lieben.
Danke.
Liebe.

Danke, Freund der Indianer. Was möchtest du mir weiter berichten?

Nun beginnen wir mit der Übermittlung des Wissens und dazu möchte ich eine wichtige neue Wesenheit vorstellen, die dieses Werk tatkräftig mit ihrer Art wahrzunehmen unterstützen kann. Dieses Wesen heißt: Ikarius.

Bitte beschreibe mir oder soll ich Ikarius selber fragen, warum er einen wichtigen Teil an diesem Werk hat?

Das macht er besser selber, denn seine Art der Formulierung ist nicht meine.

∞

Lieber Freund der Indianer, das heißt, ich frage jetzt Ikarius?

Richtig.

Ich bitte um die Erlaubnis, den Schutz und die Verbindung, mit Ikarius zu sprechen.
Lieber Ikarius, bitte stell dich vor. Was möchtest du von dir erzählen?

Das tue ich gerne. Die Wahrnehmung, die ich habe, ist sehr lebendig und feinstofflich, und ich habe diese Wahrnehmung geschult über viele Leben auf unterschiedlichen Planeten. Dazu würde ich alle Bücher eurer Welt füllen können. Doch heute ist die Essenz aus all dem für euch das Wichtigste. Daher bitte bleiben wir nicht zu lange bei mir, denn es gibt viel zu erzählen.

Nun Ikarius, die Menschen möchten aber trotzdem wissen, wer du bist, um das, was du sagst, auch ein bisschen besser nachvollziehen zu können. Ich muss deswegen ein bisschen tiefer gehen bezüglich deiner Herkunft. Es ist auch sehr interessant und spannend. Bitte berichte mir ein bisschen mehr von dir. Warst du oft auf der Erde? Das ist zum Beispiel etwas, was die Menschen interessiert.

Das war ich, ja.

Und wo hast du da gelebt? Auf allen Kontinenten?

Zumeist. Wo ich lebte, waren die heiligen Wanderungen der Pilgerschaften, die ich erlebte. Dort erfuhr ich das meiste, das tiefste Wissen des Kosmos.

Ach, auf Wanderschaften? Wieso auf Wanderschaften?

Das Wandern durch die Natur macht die Sinne auf, die der menschliche Körper enthält und beginnt über diese Sinne die Natur wahrzunehmen. Wie ein Tier, das verbunden mit dem Kosmos immerdar wirkt. Dadurch war mir das Verständnis der jeweiligen Qualitäten des Tages mehr und mehr angeboren. Jedes Mal, wenn ich neu inkarnierte, blieb dieses Wissen und lebte noch weiter in mir. Dadurch änderte sich meine Wahrnehmung als Mensch und wurde mehr und mehr verbunden mit der Tierwelt, doch gleichzeitig blieb die Feinstofflichkeit der Seele lebendig. Verstehst du?

Ja, das verstehe ich. Das war sicherlich eine sehr spannende Entwicklung und sicherlich auch eine sehr schöne Erfahrung, die dir der Kosmos zur Verfügung stellte. Und die Wahrnehmung, die du dabei entwickeln konntest, bewirkte, dass du die Feinstofflichkeit noch mehr wahrnahmst?

Das kann man so sagen.

Das ist lustig, denn meistens glauben die Menschen, dass Tiere nicht so feinstofflich wahrnehmen wie die Menschen das können.

Das ist falsch. Die Tiere leben verbunden und im Einklang mit den kosmischen Gesetzen. Und das können sie nur dadurch, dass ihre Wahrnehmung feinstofflich ist.

Und wie kam es dann, dass du jetzt das bist, was du jetzt bist und wirkst, wo du jetzt bist? Hattest du irgendwann den Wunsch, nicht mehr zu inkarnieren oder wie ist das zustande gekommen?

> *Das begann, als ich verstand, wie Lebensfreude leidet, wenn man als Mensch inkarniert ist oder auch auf anderen Planeten als andere Lebensform. Die Freude ist das Gut der Tiere. Doch die Freude ist nicht das Gut des Menschen. Das bedingte, dass ich weniger und weniger inkarnieren wollte. Denn warum sollte ich eine freudlose Form wählen, wenn ich doch die Freude so liebe...?!*

Nun ja, die Tiere erleben in vielen Dingen vor allem auch Ohnmacht. Es ist ja nicht so, dass sie nur die Freude leben können.

> *Das mag stimmen, doch wenn sie sich freuen, dann um ein Vielfaches mehr und intensiver als ihr Menschen dies kennt.*

Das kann ich verstehen, okay. Und dann hast du beschlossen, du magst nicht mehr inkarnieren?

> *Dann habe ich irgendwann eines Tages den tiefen Entschluss gefasst, diese Form nicht mehr zu wählen und wünschte mir die Wirkungsmöglichkeiten aus der Feinstofflichkeit heraus in die Materie. Aber nicht aus der grobstofflichen Matiere über die Materie.*

Und was machst du jetzt in der Feinstofflichkeit?

> *Das, was wir gerade tun. Ich lehre.*

Okay. Und wie kann man dich erreichen?

Das ist nicht so schwer. Alle Lebewesen, die ähnlich den Tieren verbunden wirken - alle auf allen materialisierten Planeten, sind verbunden mit mir und ich mit ihnen. Diese betreue ich und lenke ihre Impulse.

Gibt es einen Begriff, den man vielleicht den Menschen übermitteln könnte, wie du das nennen würdest? „Der Vater dieser Impulse" oder der „Lehrer"?

Der Lehrer der feinstofflichen Impulse, um sie in die Materie zu bringen. Doch mein Schwerpunkt ist das Zusammenwirken der planetarischen Energien mit den feinstofflichen Energien.

Ikarius, dann erzähle doch bitte noch ein bisschen weiter. Was möchtest du den Menschen jetzt mit auf den Weg geben, so am Anfang des Buches? Was ist deine Sicht auf die Menschheit?

Dass ihr die Welt, wie ihr sie wahrnehmt, mehr und mehr wie eine Maske lebt, die ihr erschafft. Das Leben, die Natur, die kosmischen Gesetze, die feinstofflichen, allgegenwärtigen Elemente leben um euch und doch leben sie nicht, denn ihr vergesst sie, lebt ohne die Bewusstheit ihrer Kräfte, wie in einem Traum. Ohne dieses Wissen um diese Kräfte, lebt ihr nur die halbe Wahrheit eurer Existenz und das macht mich zunehmend traurig, um ehrlich zu sein. Die Potenziale, die ein Wesen hat, sollten im besten Falle alle gelebt werden und nicht nur die Hälfte. Daher bitte ich die Menschen, die dieses Werk in den Händen halten, um vollste Aufmerksamkeit und ihre Liebe in den Kosmos, da dieses Wissen euch erneut weiter wieder in die Form bringt, die euch „ganz" macht.

Daher bitte, liebe Menschen, liebe Leser dieser Zeilen, wirkt und lebt, handelt und liebt immer in vollem Bewusstsein dieses Wissens. Dann blüht eure Seele und ihr wachst über euch hinaus in liebevollstem und schönstem Sinne dieser Worte.

Lieber Ikarius, nur für mich zum Verständnis: Du kannst also die planetarischen Qualitäten, die auf der Erde wirken, am besten formulieren und erkennen. Oder wie würdest du das bezeichnen?

Das Leben und Wirken als Mensch in der Zeit, die ihr bewohnt, wird ausschließlich von Ablenkungen gelenkt. Das, was ich euch bringe, wird in euch für alle Zeit leben. Das Wissen, das ich euch bringe, war schon immer da, doch ich formuliere es für euch in verständliche Worte neu und Sylvia überbringt diese. Die Beschreibung meiner Wahrnehmung bräuchte noch viele Bücher mehr, doch so viel sei euch übermittelt: Die kosmischen Energien wirken immerdar und sie wirken im Zusammenspiel mit den planetarischen Kräften, die ein Planet als Natur besitzt und lebt. Dieses Zusammenspiel ist mein Wissen. Darüber möchte ich berichten.

Okay, das hast du schön gesagt. Möchtest du noch etwas sagen, lieber Ikarius? Sonst würde ich nun damit beginnen.

Das wäre alles.

Dann nur noch kurz für mich: Du erklärst die Qualität des jeweiligen Tages und Freund der Indianer erläutert dann, wie man in ihm lebt, oder?

Das wäre der Vorschlag. Du fragst und wir antworten. Doch wisse, ich bringe das Wissen für die Qualität des jeweiligen Tages und der Freund der Indianer bringt die Umsetzung.

Danke dir vielmals.

Danke.
Liebe.

Auch dir, Freund der Indianer.

Danke.
Liebe.

Der letzte Mond

Ich bitte um Erlaubnis, mit euch beiden zu sprechen und ich bitte euch, nun zu beginnen.

Das Erste, worüber wir berichten möchten, ist das Wissen über das Zusammenspiel weltlicher Kräfte und der feinstofflichen Kräfte. Wir beginnen mit der Materie, die aus der Sonnenkraft entsteht. Denn dies ist die Quelle der Verteilung der Kräfte der feinstofflichen Quelle.

Wer von euch beiden möchte darüber berichten?

Ikarius.

Bitte beginne.

Die Sonne, *die ihr als lebenspendende Kraft am Himmel erfahrt, ist nicht nur die Sonne der Materie, da sie auch Feinstoffliches wandelt.*
Konkret bedeutet das, dass sie die feinstoffliche Kraft des Kosmos bündelt und über ihre materielle Verbreitung diese feinstoffliche Kraft auch mit den materiell sichtbaren Strahlen lenkt. Wie ein unsichtbar wandelnder Lichtstrahl wirkt aus ihr heraus das Licht des Kosmos und arbeitet über die Strahlen dieses Lichtes der Sonne in allen Formen des Lebens. Dazu braucht es nichts außer die Form selbst, denn alles Leben wächst nicht nur, weil es wächst, sondern weil die kosmische

Kraft durch dieses fließt. Das Wissen um die Kraft der Sonne ist wie die magische Wahrheit hinter allen Tages- und Nachtqualitäten. Wer verstanden hat, dass die Sonne der Dreh- und Angelpunkt der feinstofflichen Kräfte ist, genauso wie der Dreh- und Angelpunkt der Lichtkraft, die ihr wahrnehmt, der hat die Botschaft der Feiertage bereits verstanden. Denn wie sollte es auch anders sein, diese Tage und ihre Qualitäten sind natürlich an diese Qualität der Feinstofflichkeit und der lichtvollen Materie gebunden.

*Weitere Komponenten über die ich berichten möchte, sind die lebenskorrelierenden Kräfte der **weißen, beschleunigenden, wiederkehrenden Kugeln**. Die feinstofflichen Kugeln sind Lebewesen aus Licht, die fester Bestandteil des Lebens im Kosmos sind, denn sie verbinden die feinstoffliche Welt mit der materiellen. Ihre Form ist, in euren Worten, „rund" und die Kugeln selbst sind weiß, wenn ihr in Farben „denken möchtet". Doch letztlich sind es feinstoffliche Wesen, die keinerlei wirkliche Form und Farbe haben. Dennoch, um es euch zu vereinfachen: die Form, die sie einnehmen, in der sie in die materielle Art der Planeten eintreten, ist eine kugelförmige Form. Diese Kugeln leben wie Bakterien in eurer Welt alle um euch herum und verbinden den Kosmos zu dem, was er ist. Sie sind die kleinen helfenden Verbinder, die im Kosmos letzten Endes alles verbinden.*

Um dies noch einfacher zu verdeutlichen, benutze ich noch ein anderes Bild, und dazu beschreibe ich dir die Beschaffenheit des Meeres. Denn wie du immer schon gerne das Wasser als Element benutzt hast, um dadurch etwas gleiches mit unterschiedlichen Qualitäten als Teil einer Natur und doch mit ganz anderen Gesetzmäßigkeiten zu beschreiben, wie alles immer mit allem verbunden ist, so möchte ich dies aufgreifen. Die weißen Kugeln sind fester Bestandteil des Kosmos und wirken in ihm. Wie die Materie das Leben formt, so formen sie den Kosmos. Daher wirken sie immerdar. Das Meer, liebe Menschen, besteht aus Wasser, und wie die Lebewesen des Meeres alle miteinander kommunizieren, so kommunizieren die Seelen im Meer der weißen Kugeln miteinander. Dazu benutzen sie die weißen Kugeln wie die Lebewesen im Wasser das Element Wasser benutzen, um diese Kommunikation umzusetzen. Verstehst du?

Das verstehe ich sehr, sehr gut. Die Seelen kann man also mit den Lebewesen im Meer vergleichen, und die weißen Kugeln sind das Wasser, das uns umgibt. Richtig?

Ja.

Okay, bitte berichte weiter.

Das Wasser des Meeres bleibt immer das Wasser. Doch es gibt verschmutzte Stellen, die dann erst wieder gereinigt werden müssen. Dies ist genauso im Kosmos. Die unreinen weißen Kugeln werden von anderen weißen Kugeln gereinigt und dies bringt einen Kreislauf in Gang. Denn wie immer auf der Erde, aber auch auf anderen kosmischen Planeten, das Reinigen einer verunreinigten Energie beschäftigt die reinen Energien. Das ist ein ganz normaler Lauf der Dinge und hält die kosmischen Dinge am Laufen. Wenn wir also nun verstanden haben, dass die weißen Kugeln allesamt fester Bestandteil der feinstofflichen Welt sind, so wissen wir, dass diese Kugeln alle

fester Bestandteil der jeweiligen Tage und Nächte, die wir nun betrachten, sind.
Die Sonne, die weißen Kugeln und nun kommt die dritte Komponente dazu: die **Kraft des Planeten.**
Diese Kraft wirkt zwar auch in Verbindung mit den feinstofflichen Kräften, doch ist sie auch eine eigenständige Kraft, die von der Bewegung des Planeten abhängig ist. Wie ihr alle wisst, bewegt sich die Erde in einer bestimmten Geschwindigkeit und dabei dreht sie sich. Diese drehenden, wirbelnden Kräfte verursachen andere Komponenten und bewirken eine Art Kraftfeld, das mit den feinstofflichen Energien zusammen wirkt. Dieses Kraftfeld müssen wir auch beachten. Denn wie immer, wirkt alles miteinander.

Lieber Ikarius, sind dies die drei Komponenten, die die Tagesqualitäten beeinflussen oder gibt es noch etwas?

Das sind sie.

Okay. Und was ist mit dem Feld der Menschen?

Das untersuchen wir, wenn wir die einzelnen Feiertage betrachten. Denn wahrhaftig beeinflussen die Felder der Menschen die Wahrnehmung der Felder des Kosmos. Doch letztlich wirken die Energien immerdar, nur eben mal mehr, mal weniger wahrgenommen. Verstehst du?

Ja, ich verstehe, es geht mehr oder weniger um unseren individuellen Filter, der uns diese Energie mehr oder weniger wahrnehmen lässt. Aber die Energien selber sind immer da. Aber soweit ich das verstehe, reicht dieses von den Menschen erschaffene Kraftfeld (der Gedanken und Gefühe in ihnen) nicht, um mit ihren Kamikaze-Aktionen die kosmischen Energien abzuschalten oder gar zu lenken?

Nein, das hätten sie wohl gerne. Doch wir betonen gerne noch einmal, dass der Mensch letztlich keine große allgemeine Kraft hat, außer die der Seele, die in ihm wohnt. Und solange er diese Kraft nicht bewusst lebt, hat er nicht einmal diese Kraft in ihrem eigentlichen Potenzial. Lediglich die Zerstörungskraft der Natur seines Planeten, die ihn ernährt, diese ist ihm inne. Doch dies ist keine kosmische Kraft.

Ja, ich weiß. Lass uns wieder zu unserem Thema zurückkommen,. Was möchtest du weiter berichten?

Dies waren die Komponenten, die diesen Zyklus erschaffen, und nun lass uns beginnen.

Wo möchtest du beginnen?

Das Leben beginnt immer an dem Tag des letzten Mondes.

Lieber Ikarius, bitte erkläre das ein bisschen genauer. Möchtest du dich auf Mondzyklen beziehen oder möchtest du Sonnenzyklen beschreiben? Wie fangen wir an?

Das Leben beginnt am „Tag des letzten Mondes". Wenn du meine Art der Beschreibung möchtest, dann bekommst du meine Art, nicht die der Menschen.

Entschuldige. Ich frage nur liebevoll, weil ich es für die Menschen vorbereiten muss, damit sie es verstehen.

Das weiß ich doch. Aber wir werden nun eine andere Art der Betrachtungsweise formulieren. Daher, bitte vergiss jegliche alte Kalender und vertraue, dass die Worte und Formulierungen, wie ich sie nutze, die richtigen sind.

Aber ja, natürlich. Das Leben beginnt immer an dem Tag des letzten Mondes. Wann ist denn der letzte Mond? Was genau meinst du, wenn du von dem „letzten Mond" sprichst?

Du beginnst die Frage etwas verzerrt. Denn wir haben nicht beschrieben, dass nur die Sonne diesen Zyklus aus ihrer Bewegung formt, sondern dass die weißen Kugeln das entscheidende Bindeglied von irdischer Materie und den feinstofflichen Welten sind. Die weißen Kugeln durchdringen die Materie und beleben sie. Das bedeutet, dass ihre Bewegung die Materie bewegt. Also bitte frag besser, wie das Zusammenspiel von letztem Mond und weißen Kugeln ist.

Ja, okay. Dann bitte sag mir, wie genau ist das Zusammenspiel zwischen den weißen Kugeln und dem letzten Mond? Was bedeutet das?

Das bedeutet, dass durch die verringerte Kraft der Sonne das Wirken der weißen Kugeln viel schwächer ist und ihre Bewegungen langsamer sind. Dadurch bezeichnen wir diesen letzten Zyklus der schwachen Energien als den letzten Mond, denn er beschreibt diese Phase, in der die Kraft der weißen Kugeln um ein Vielfaches schwächer ist. Verstehst du?

Der letzte Mond

Der letzte Mond beginnt an der Lichtscheide des Monats Dezember. Und damit an der <u>Wintersonnenwende,</u> wie ihr sie nennt. Dieser Tag ist meist lichtarm und wenig Licht befindet sich auf der Erde. Doch beginnt bereits am Tag danach das Leben der feinstofflichen Welten auf eurem Planeten wieder zu beschleunigen. Dieser darauffolgende Tag ist also ein besonderer Tag, denn er läutet die Geburt des Lichtes ein. Wer besonders fühlig ist, bemerkt an diesem Tag die warme direkte neue Kraft, die beginnt zu glühen. Dies ist wahrlich feinstofflich, denn die Kraft, die an diesem Tag beginnt zu fließen, ist ungefähr wie Einhundertstel von einhundert. Doch es ist die Geburt des Lichtes. Daher berichte ich euch von diesem wundervollen Moment.
Die Menschen mögen diesen Tag feiern wie die Geburt eines Kindes. Dazu berichtet euch nun der Freund der Indianer die Rituale.

Danke, Ikarius. Ich danke dir schon einmal vielmals. Wenn das die „Geburt des Lichtes" ist, was genau passiert denn dann?

Das verbindende Licht der Sonne und damit die feinstoffliche Kraft, beginnen wieder die Erde zu erreichen.
Die Erde war zu weit entfernt von der Sonne und weit gedreht von ihr und dadurch wurde es für die feinstofflichen Energien weniger leicht, in die weltlichen Formen auf der Erde zu wirken. Die weißen Kugeln brauchen die Kraft der Sonne, weil sie mit ihr verbunden wirken. Daher beginnen die weißen Kugeln an diesem Tag ihre Arbeit.

Nun, sie sind doch vorher aber auch am Arbeiten. Jetzt bekommen sie jedoch einen kräftigeren Impuls, richtig?

Nein. Die weißen Kugeln leben im Kosmos immer um euch herum. Doch wenn die Sonne so schwach ist und die Kraft aus der Quelle so schwach in ihnen wirkt, dann leben sie nur wie die Lebewesen, die leicht verbunden in Bereitschaft leben. Verstehst du?

Ah. Also sind sie da und existieren, aber sie sind nicht sehr aktiv, oder?

Das ist richtig. Dieser Tag ist die <u>Geburt ihrer Kraft</u> und daher, wie ich schon erwähnt habe, die Geburt der Kraft, über die ihr ab sofort verfügen könnt und die die feinstofflichen Welten mit euch gemeinsam wirken lassen.

Das habe ich verstanden. Lieber Freund der Indianer, möchtest du jetzt schon zu den Ritualen berichten?

Ja.

Dann bitte berichte.

Da dieses Ritual nicht sehr groß und tiefgehend ist, bitte lass es mich heute hier festhalten. Die Verbindung der Seelen mit dieser Tagesqualität möchte ich in einem kleinen Ritual fördern. Dazu bitte benutzt die Lichter der Erde.

Was meinst du? Kerzen?

Die Lichter der Erde sind besondere lichtspendende Orte wie die Wälder. Der Wald ist eine starke Ausdrucksform der Naturkraft auf der Erde und bringt lichtvolle Kraft auf diese. Wenn ihr an solch einem Tag die Geburt des Lichtes feiern möchtet, dann bitte begebt euch in den Wald und nehmt dort die Verbindung mit der Erde und den Bäumen auf. Denn dort werden die natürlichen Kräfte wieder aktiviert, und die weißen Kugeln um euch leben dort in zahlreicher Form. Daher begebt euch dorthin und ihr werdet viele wunderbare Impulse bekommen. Dort ist eine Quelle der Kraft der weißen Kugeln, und ihr könnt ihnen beiwohnen bei ihrem Beginn.

Wie meinst du das - „bei ihrem Beginn"?

Dort bekommen sie die feinstofflichen Impulse dieses Tages und gelangen in ihre Kraft.

Aber Freund der Indianer, es gibt doch die weißen Kugeln überall. Oder muss man sich das so vorstellen, dass sie alle in den Wald gehen?

Ja, in deinen Worten - das kann man sich so vorstellen. An diesem Tag „gehen" diese weißen Kugeln in die Wälder, weil sie dort ihre Kraft am deutlichsten entfalten können, allesamt. Dann begeben sie sich wieder unter die Umwelt, die ihr bewohnt. Doch an diesem Tag begeben sie sich in die Wälder, und wenn ihr euch dort auch hinbegebt, dann erfahrt ihr auch ihre Energie wie lange nicht mehr und gleichzeitig fühlt ihr diesen energetischen Impuls des Kosmos - der Sonne - in ihnen.

Dann halte ich zusammenfassend fest, dass dieser Tag, initiiert durch die Komponenten der Drehung der Erde zur Sonne, deshalb ein besonderer Tag ist, weil er eine lange Reise in minimalster Energie (und damit Kraft) beendet und nun ein neuer feinstofflich gelenkter Zyklus beginnt. Die Energie kehrt in ihr eigentliches Potenzial der Verbundenheit mit allem zurück. Und wenn wir den weißen Kugeln in die Wälder folgen, dann können wir dort eine ganz besondere Energie erfahren.

Ja, genau.

Bleiben die Kugeln dort lange? Oder sind sie dort nur tagsüber oder nachts?

Das ist unterschiedlich. Die weißen Kugeln aller Orte des Planeten begeben sich in ihre naheliegendsten Wälder. Bedingt durch die Kraft des jeweiligen Ortes und des jeweiligen Waldes bleiben sie dort länger oder nur für einen kurzen Moment. Wie ein Ritual, das sie tun. Mancher bleibt lange in diesem Ritual, mancher weniger. Lebt dieses Ritual und ihr beginnt die Verbundenheit mit dem Kosmos deutlicher zu fühlen und zu entfalten und aufzubauen.
Dies war mein Ritual des Tages.

Möchtest du den Menschen ans Herz legen, dass sie im Wald etwas Spezielles tun? Den Boden berühren oder meditieren?

Ja. Sie können sich auch hinsetzen. Das ist egal. Die Kraft des Ortes ist entscheidend.

∞

Was ist mit den Bäumen?

Die Bäume können sie berühren. Das ist nicht wirklich notwendig, aber um die Verbundenheit in euren Körpern zu fühlen, wäre die Berührung des Baumes in jedem Fall auch ratsam. Das Wirken der Kräfte ist nicht davon abhängig, ob ihr in dem Wald etwas berührt. Das Wirken dieser Kräfte ist davon abhängig, ob ihr an diesem Ort der Bündelung dieser Kraft seid und diese Geburt miterleben möchtet.

Das hast du schön gesagt. Hast du noch etwas dazu zu sagen?

Das war die Essenz des Rituals, das an diesem Tag befolgt werden kann.

Wie lange sollen die Menschen an diesem Ort bleiben?

Das kann jeder für sich selbst entscheiden, wie lange er bleiben möchte. Doch er sollte wissen, dies ist der Tag, an dem die Verbindung in den Kosmos beginnt wieder zu wachsen und dies feiern die weißen Kugeln und ihr könnt mitmachen.

Danke dir vielmals, lieber Freund der Indianer. Lieber Ikarius, möchtest du noch etwas sagen?

Das beginnende Leben dieser Kräfte beginnt nun jeden Tag mehr und mehr zu werden, und der nächste Tag, den wir betrachten, um ihn als die weitere Stufe zu benennen, wird der Tag der Weihnacht sein.

Und warum der Tag der Weihnacht?

Da dies der Beginn der Raunächte ist, bezeichnen wir diesen Zyklus auch.

Ich danke dir vielmals.

Die weißen Kugeln

Bitte beschreibt mir, wie ich mir das vorstellen darf: Wie seid ihr, wer seid ihr und vor allem wo seid ihr? Bitte versucht, euer Wesen zu beschreiben, damit wir euch aus unserer Wahrnehmung verstehen.

Das Wahrnehmen durch die menschlichen Sinne verhindert das Wahrnehmen unserer Energie.
Das Wichtigste, was ihr wissen müsst, um das prinzipiell zu verstehen, ist, dass wir keinerlei materiellen Formen haben, wie ihr Materie beschreibt. Das Wahrnehmen unserer Kraft und Wirkungsweise bedingt das Wahrnehmen der feinstofflichen Welt. Wir sind also keineswegs materiell in eurem Verständnis, sondern immateriell und feinstofflich, aber dennoch leben wir inmitten der materiellen Ausdrucksformen, die ihr in eurer Welt habt.
Das versuchen wir nun, dir zu beschreiben.
Wenn du das Wirken der verschiedenen Kräfte im Kosmos verstehen willst, dann musst du wirklich wahrhaftig die Gesetzmäßigkeiten, die ihr als Physik erklärt, verlassen. Das, was ihr als Physik beschreibt, ist lediglich die verstehen wollende Wissenschaft der Naturgesetze in eurer Welt. Doch auch dies ist alles begrenzt auf eure Wahrnehmungen. Verlasst dieses Feld und begebt euch in das Wahrnehmen der feinstofflichen Energien, die völlig anderen Gesetzen folgen als den Naturgesetzen, die ihr kennt. Die Natur, die ihr kennt, ist letztlich natürlich auch aufbauend auf den feinstofflichen Gesetzen aller Ebenen, dennoch ist sie nicht die Ursache. Das und

noch so vieles mehr ist die feinstoffliche Welt.
Du möchtest die Beschaffenheit unserer Energien besser verstehen, dann verbinde dich mit der feinstofflichen Welt, die dich umgibt, und du bist ab diesem Moment dann sofort auch mit uns in Wirkungsweise.
Doch ich kann verstehen, was du, liebe Sylvie, erfragst, um den Menschen diese Komplexität nahezubringen. Versuchen wir ein Bild. Wenn du das Wirken als Mensch verstanden hast und die verschiedenen Bakterien, die euch umgeben dabei als festen Bestandteil des Leben kennst, aber nicht wahrnimmst, dann kommst du unserem Prinzip etwas näher. Denn wir befinden uns auch überall und in unendlich vieler Zahl, doch seht ihr uns nicht mit euren körperlichen Augen. Lediglich erst besondere Werkzeuge ermöglichen euch das.
Doch das Besondere und Ungewöhnliche im Vergleich zu den Bakterien ist, dass wir nicht wie Bakterien in einem eigentlich unbewussten Zustand das Leben bringen, sondern wir sind bewusst. Das bedeutet, dass ihr mit uns kommunizieren könnt und dass wir wiederum miteinander kommunizieren. Und das bedeutet, dass wir alle gemeinsam dadurch ein Feld ergeben, das aus vielen einzelnen Faktoren besteht, dennoch aber als ein Feld wirken kann, aber nicht muss.

Bitte gebt mir ein Bild. Ich soll mir vorstellen, ihr seid wie Bakterien überall und ihr geht ineinander über. Aber wie groß seid ihr?

Das ist eine liebevolle menschliche Frage. Wir existieren nicht in den Formen, die ihr kennt, und wir leben auch nicht in den Größen, die ihr kennt. Das bedeutet, dass wir letztlich immer und überall sind, aber eben in unterschiedlichen For-

men miteinander wirken.

Ihr werdet die weißen Kugeln genannt. Also scheint ihr eine Kugelform zu haben...

Ja.

Warum ist das so?

Das ist so, weil das kosmische Prinzip eine Kugel als das vollkommenste Wesen beider Welten erschaffen hat. Die materielle Welt, wie ihr sie kennt, kennt das Atom als Größe der beweglichen Teilchen, als materielle Wahrnehmungsform der Bewegung in allem, und diese ist rund. Also besteht ihr alle aus den runden Formen dieser Atome. Wie auch alles andere in seiner runden, kugelförmigen Form die beste Wahrnehmung der Sinne hat. Das Gleiche gilt für die feinstofflichen Welten; weil alle Informationen immer an allen Punkten des Wesens wahrgenommen werden, ist die Form der Kugel die optimalste der Formen im Kosmos.

Gibt es einen Kosmos ohne Formen?

Ja.

Was ist das?

Das ist das reine Bewusstsein. Dort gibt es keine Formen.

Ist das die Quelle?

Nein.

Ui, jetzt wird´s kompliziert und ich denke, das sollten wir dann ein anderes Mal aufgreifen, in dem von Freund der Indianer bereits angekündigten Buch über die feinstofflichen Welten und deren Beschaffenheit. Doch zurück zu euch. Ihr seid kugelförmig, aber gemessen an den Dimensionen eines menschlichen Körpers gibt es doch sicher eine, wenn auch ungenaue, aber dennoch hilfreiche Komponente, die beschreiben kann, wie groß ihr auf der Erde weilt?

Das können wir nicht beantworten, da jeder Ort, jeder Mensch, jede Umwelt andere Komponenten verursacht, die wiederum uns reagierend ermöglichen, diese oder diese Größe anzunehmen. Doch als Verständnis, um die Form ein wenig zu begreifen im menschlichen Sinne und mit deinem Kenntnisstand formuliert, würden wir die Größe des Fußballs nehmen als eine Komponente, die in seiner optimalsten Form die Form beschreibt, die wir sind.

Und ihr seid aber alle ineinander, nicht aneinander, oder?

Das ist hohe Physik, Liebes. Denn du musst die Räumlichkeiten verlassen, die du kennst. Wir haben in gewisser Weise diese Kugelform und bewegen uns alle untereinander, aber wir sind auch immer miteinander so sehr verwoben, sodass du die Kugeln nicht als solche wahrnehmen könntest.

Ich verstehe. Ich habe da ein bestimmtes Bild von einem Künstler im Kopf. Habt ihr, wenn ihr eine Art Bewusstsein habt, eine Art Organ?

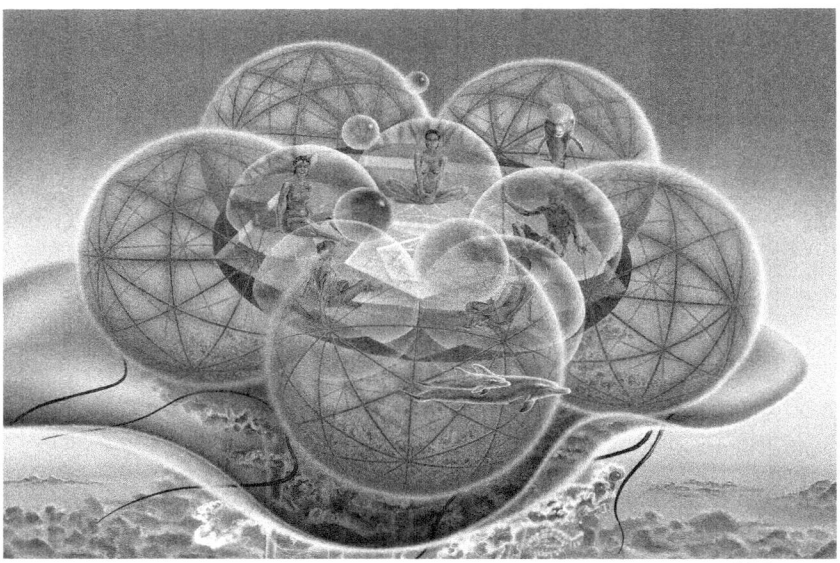

www.eyewithin.com

Nein.

Okay, ihr seid also wirklich nur feinstoffliche Energie, die aber trotzdem ein individuelles Bewusstsein hat, richtig?

Ja.

Was ist der Unterschied zwischen euch und einer Seele? Ich weiß, beziehungsweise vermute, dass eine reine Seele, zumindest in ihrer optimalsten Form, auch eine Kugelform hat.

Ja.

Und was unterscheidet euch dann von einer Seelenenergie?

*Das ist eine sehr schöne Frage. Danke dir dafür.
Wir unterscheiden uns von den Kräften einer Seele in vielen Punkten, denn wir sind Diener der Impulse der Seele.*

Heißt das, ihr habt keinen eigenen Willen?

Das, und wir leben in Gemeinschaft. Seelen aber können ganz allein im Kosmos wirken.

Ah, ihr braucht also einander? Eine einzelne weiße Kugel gibt es nicht, sie würde nicht überleben... Kann man das so sagen?

Das Wirken durch alle weißen Kugeln hindurch ist das Wirken der weißen Kugeln. Es gibt nicht das individuelle Wirken.

Aber es gibt trotzdem noch eine Art Gruppen? Die einen sind mehr hier konzentriert, die anderen mehr dort... und so weiter?

Das ist richtig, doch letzlich bleiben wir immer miteinander verbunden über weitere weiße Kugeln. Das von einander getrennte Wirken und Voneinander-getrennt-sein gibt es nicht. Das Bild dazu übermitteln wir dir gerade.

Anmerkung der Übermittlerin: Sie übermitteln mir gerade eine Art konzentrierte Ballung von vielen, vielen solcher Kugeln, die wiederum auch ineinander sind, und es gibt mehr oder weniger eine Art Klumpen. Der Klumpen ist trotzdem über eine Art Strang mit anderen Klumpen aber auch Feldern verbunden. Habe ich das richtig beschrieben?

> *Ja, das hast du. Doch ist es wichtig, dass du weiterhin beschreibst, dass die Umgebung unserer Wirkungsfelder keineswegs das leere Nichts ist, sondern dabei immer auch weitere Energien verbindend existieren. Wie, wenn du verschiedene Lebewesen in einem Zoo hast, die alle am Ende diesen Zoo ausmachen.*

Das heißt, ich kontaktiere jetzt euch weiße Kugeln, aber es gibt noch ganz viele andere Ausdrucksformen, wie beispielsweise die Engelenergien, Meisterenergien usw. Das habe ich verstanden. Das heißt, ihr, die weißen Kugeln, wenn man das frequenztechnisch betrachten möchte, befindet euch mehr oder weniger auf allen feinstofflichen Ebenen, ist das richtig?

> *Das ist verzerrend, Sylvia. Wir befinden uns in dem Übergang zwischen menschlich niedrig schwingenden Frequenzen auf der Erde, doch auch in den unteren Bereichen der feinstofflichen Ebenen, wie auch in den weiteren mittleren Bereichen. Dort, wo wir gebraucht werden, befinden wir uns. Doch in die ganz hohen Ebenen der feinstofflichen Frequenzen, dort, wo wirklich hoch schwingende Energien sind, können wir nicht sein und brauchen wir auch nicht. Denn wir sind dienende, unterstützende Kräfte im Kosmos für die niedrigen Frequenzen, die mehr Hilfe brauchen.*

Verstehe. Ich hatte dazu mal eine Beschreibung im Buch von Abadiania gegeben. Soweit ich mich erinnere, wirkt ihr bis in die vierte oder fünfte Ebene.

> *Das ist richtig. Von eurer grobstofflichen Materie bis in die*

vierte feinstoffliche Ebene hinein, können wir wirken.

Eine Frage, die die Menschen mit Sicherheit haben werden, ist: Seid ihr Engel?

Nein.

Das heißt, Engelenergien sind wieder anders?

Ja.

Worum kann ein Mensch euch bitten?

Das kann er um ganz viele Dinge. Reinigung, liebevolles Verbinden, Hilfe in materiellen Dingen, damit wir die Resonanzen lenken, helfen... Das Leben ist so vielfältig. Das Wichtigste, was ihr wissen müsst, ist, dass wir immer da, „neben" euch sind und warten, dass ihr beginnt, uns wahrzunehmen und mit uns zu kommunizieren. Dadurch beginnt dann die Weite in eurem Leben und vor allem, endet die Einsamkeit. Denn wer verstanden hat, wie unzählig und vielfältig wir wirken, der weiß, dass er letztlich nur das materielle Ausdrucksbild dieser ganzen komplexen feinstofflichen Kräfte ist.

Okay, was ist eure Quelle? Wo kommt ihr her?

Das ist die Quelle selbst.

Das heißt, die Quelle beschließt, wie viele ihr seid, ihr erschafft nicht aus euch selbst weitere weiße Kugeln... Und was ist, wenn in einem bestimmten Moment mehr von euch gebraucht werden?

Dann kopieren wir das Feld, aber wir erschaffen kein neues. Das kann nur die Quelle. Das bedeutet, dass das bestehende nur erweitert wird. Eine existierende Kraft, die sich erweitert, aber keineswegs neues Bewusstsein dabei erschafft.

Unter Menschen nennt man das klonen.

Ja, so ungefähr, aber der Vergleich ist nicht so gut.

Gut, ich denke, wir werden das Thema näher betrachten, wenn wir das Buch über die Welten der Feinstofflichkeit beginnen.
Jetzt möchte ich die Aufmerksamkeit zurück zu unserem jetzigen Thema lenken. Dabei ging es ja bereits auch um eure Präsenz, wie stark sie ist und dass sie auch weniger stark sein kann...

Dies ist richtig, denn auch wir sind gebunden an die Kraft der Natur, die uns umgibt; und wenn wir unter euch wirken, dann sind wir auch eingebunden in eure Natur, und das bedeutet, dass wir immer direkt mit eurer Sonnenenergie wirken. Das wiederum bedeutet nicht, dass wir nachts nicht wirken, aber wir brauchen die Sonnenenergie, wie die Brücke in die Quelle, um aus ihr die Kraft zu ziehen, die uns belebt, wie das bei euch mit Elektrizität ist, um wirken zu können. Verstehst du? Wenn ein materieller Gegenstand zu wenig Strom hat, kann er nicht wirken in seiner besten Form. Dafür braucht er den richtigen und ausreichenden Strom. Wir brauchen die volle Energie der Sonne und dadurch die Energie der Quelle, denn die Sonne übersetzt die Energie der Quelle und wir zeh-

ren von ihr. Dann, wenn die Sonne schwach ist, haben wir auch weniger Quellenenergie.

Gibt es Orte, an denen ihr am liebsten seid?

Ja.

Welche denn?

Das Waldgebiet.

Das habe ich schon mitbekommen. Warum ist das so?

Das Waldgebiet und die Stille dort beleben unsere Kraft.

Was ist mit Ländern, in denen es Palmen gibt. Und was ist in der Sahara? Da gibt es keine Wälder. Was macht ihr dort?

Dort befinden wir uns nur wenig konzentriert.

Und wo befindet ihr euch ganz doll konzentriert? Mal abgesehen von den Wäldern.

Dort, wo wir gebraucht werden. Wie, wo, wann und vor allem welche Kraft wir besitzen, ist von den Bedürfnissen des Kosmos abhängig. Der ist natürlich immer in Bewegung und immer im Wandel.

Eine letzte Frage noch: Seid ihr wirklich weiß?

Eigentlich sind wir farblos, aber weiß ist die Farbe, die begabte Menschen wahrnehmen, wenn wir in unserer vollen Kraft und Reinheit wirken.

Wir haben heute den 20. Juni. Das heißt, wir erleben einen der energiereichsten Tage des Jahres. Und morgen ist der aller, aller energiereichste Tag. Wie empfindet ihr die Energie heute?

Das Wirkungsvollste, was die Erde uns ermöglicht und schenkt, ist in dieser Stunde möglich.

Das heißt, die Menschen sollten euch ansprechen?

Die Menschen brauchen uns nur verbindend zu rufen und wir lenken unsere Aufmerksamkeit auf die Wünsche, die ihr habt. Doch bedenke die Gesetzmäßigkeit, die dabei beachtet werden muss. Wir können und dürfen nichts tun, ohne die kosmische Erlaubnis.

Dann weise ich an dieser Stelle freundlich auf das Buch mit dem Freund der Indianer hin, in dem dieses Thema angeschnitten wurde. Wandelt ihr ausschließlich Energie?

Ja. Reinigung ist Wandlung.

Wart ihr einmal in menschlichen Körpern inkarniert?

Nein.

Liebe Wesenheiten der Reinigung, was möchtet ihr den Menschen, die das hier lesen werden, was ich gerade erfahre, mit auf den Weg geben?

Die Menschen müssen verstehen lernen, dass die Energie nie versiegen wird, doch dass sich die Potenziale ihrer Energie wandeln können.

Kann ein Mensch im Laufe seines Lebens seine Energie in das höchste Potenzial bringen, das ihm als Mensch im Kosmos möglich ist?

Ja.

Wodurch?

Durch die Reinigung.

Also jegliche Form von seelischer Reinigung. Die Menschen haben also die Verantwortung, dass sie die Energie wandeln können?

Die Menschen haben die Verantwortung, dass sie die Schöpfer ihres Schicksals sind.

Somit kann ein Mensch, wann immer er es beschließt, einen völlig anderen Weg einschlagen, als den, den er bisher eingeschlagen hat?

Ja. Das ist das Geschenk des Menschseins.

Gibt es etwas, das euch traurig macht?

Die Menschen, wenn sie nicht bereit sind, den Weg der Heilung zu gehen.

Und was macht euch sehr glücklich?

Die Menschen, die wir geheilt haben.

Habt ihr noch eine Botschaft an die Menschen, außer die, die ihr eben gesagt habt?

Sie leben die Liebe viel zu wenig.

Habt ihr eine Idee, warum das so ist?

Die Glaubensbilder eurer Religionen bremsen die Öffnung der Herzen.

Wenn ihr heilt, also wenn ihr die Seelenenergie heilt, ist das nicht letzten Endes „nur" eine Öffnung des Herzens?

Nein. Das Herz ist das Tor, in das die Energie gegeben wird, doch wir wandeln die Energie, nicht das Herz.

Mich würde statistisch einmal interessieren: Im Laufe der Zeit, die ihr hier wirkt, hat sich die Energie der Menschen verwandelt?

Die Energie der Menschen ist besonders kraftvoll in ihrer Negativität geworden. Wir beobachten, dass die Menschen mehr und mehr in die Dunkelheit verfallen.

Und das im Jahr 2015, wo wir angeblich eine Energieerhöhung erlebt haben. Könnt ihr dazu etwas sagen? Was ist mit dieser Energieerhöhung?

Die Energieerhöhung der Erde ist geschehen, doch die Menschen machen nicht mit.

Woran liegt es am meisten? Wenn ihr sagt, sie leben die Liebe nicht, dann ist es eine Herzenssache, oder nicht?

Die Menschen lieben nur ihr Ego, sind aber nicht verbunden mit den Welten.

Danke. Gut, dann bedanke ich mich.

Danke für deine Bereitschaft, die Botschaften in die Welt zu bringen.

Aber gerne doch.
Vielen, vielen Dank!
Liebe.

Die Raunächte

Wer möchte über den Tag der Weihnacht berichten?

Freund der Indianer.

Bitte.

Ich möchte kurz etwas genauer zu dem Thema Lichtorte auf der Erde schreiben.
Die Wälder sind keine Orte, die Licht produzieren, doch sie können sehr viel kosmische Kraft sammeln. Wie eine Oase in eurer Welt. So wie das Wasser das Leben ermöglicht in der Wüste, so sind die Wälder die Oasen des Lebens in eurer Welt, was das kosmische Licht betrifft. Daher bitte halte fest, dass die Wälder Orte der Lebenskraft sind, die aus dem Kosmos in die Materie will und dort wirkt. Dort an derartigen Plätzen wird diese kosmische Kraft ungefiltert und ungebremst verfügbar, da die Pflanzen dort reine Bindeglieder in den Kosmos darstellen. Deshalb wandern die weißen Kugeln dorthin, um diese Kraft und den Impuls dort aus dem Kosmos zu empfangen. Ungefiltert und ungebremst.

Ich weiß nicht, ob ich diese Frage schon einmal gestellt habe. Sind die weißen Kugeln die Engel, die die Menschen empfinden?

Nein. Die Engel sind andere Lichtgestalten, doch die weißen Kugeln wirken überall und wirken verbindend zwischen den feinstofflichen individuellen Energien. Sie sind das, was alles verbindet.

Gibt es auch Orte, wo gar keine weißen Kugeln sind?

Nein, aber es gibt Orte auf der Erde, dort sind sie sehr verunreinigt.

Aber wenn du mir sagst, dass die weißen Kugeln alle an diesem Tag in die Wälder gehen, dann sind an anderen Orten keine...

Das Eine bedingt das Andere. Doch letztlich verteilt sich alles wieder und wirkt wieder wie ein durchgehender Teppich. Dieser Tag ist ja auch dadurch ein besonderer Tag, weil du Orte findest, an denen du diese unterschiedlichen Konzentrationen an weißen Kugeln vorfindest. Verstehst du?

Ja, das verstehe ich. Möchtest du noch etwas dazu sagen, Freund der Indianer?

Nein.

Dann bitte ich Ikarius. Ich begrüße dich. Möchtest du weitermachen, wo du gestern aufgehört hast?

Die Weihnacht ist weniger das Thema als die Raunächte danach. Wir beginnen dennoch bei der Weihnacht.
Dieser Tag bedeutet in der kosmischen Beschleunigung des Lichtes und der feinstofflichen Energien, dass die Seelen wieder in die Wahrnehmung eintreten, in welcher sie das Licht,

das langsam wieder auf die Erde kommt, dankbar aufnehmen; und diese Beschleunigung, die sie fühlen, beginnt eine neue Wahrnehmung in ihnen zu erwecken. Denn bisher waren die Kräfte in den Seelen wenig beschleunigt, wenn überhaupt. Wie ein dunkler Schleier liegt die wenige Kraft über allen Kräften der Erde und allen Lebewesen auf ihr. Das verändert sich nun am Tag nach der Wintersonnenwende und dann beginnt die Kraft täglich zu steigen wie ein Gefäß, das langsam wieder aufgefüllt wird. Der Tag der Weihnacht ist dann der Tag, an dem die Seelen erstmals auch diesen Impuls wahrnehmen wie die weißen Kugeln ihn am Tag nach der Wintersonnenwende bereits wahrnehmen. Verstehst du?

Ja, das macht Sinn. Das heißt, die weißen Kugeln bekommen diesen Impuls schon am Tag nach der Wintersonnenwende, und für die Seelen wird dies erst einmal noch deutlicher spürbar zur Weihnacht, richtig?

Genau, es sei denn, sie gehen am Tag nach der Wintersonnenwende in den Wald. Dort würden sie sich auch direkt an diesem Tag mit diesem Impuls verbunden fühlen. Aber wenige tun dies und die meisten leben unbewusst, daher halten wir hier fest, dass dieser Tag der Weihnacht, der Tag ist, an dem die Kraft nun für die Seelen spürbar wäre.

Sollen die Seelen dazu etwas Besonderes tun?

Ja.

Gut, dazu wird wahrscheinlich der Freund der Indianer etwas berichten. Möchtest du jetzt weiter berichten oder sollen wir erst noch bei der Weihnacht bleiben?

Da dies nun ein Prozess ist, der beginnt, würde ich bei dieser Fortführung bleiben.
Wenn nun dieser Impuls in den Seelen beginnt, so bedeutet dies eine Veränderung der Wahrnehmung in ihnen.

Ich erinnere mich, dass ich in dieser Zeit nichts machen kann. Ich bin immer nur müde, kaputt und muss ganz viel schlafen und ruhen. Wenn doch aber nun stetig in meiner Seele mehr Kraft wahrgenommen werden kann, müsste ich doch viel aktiver werden und nicht so müde bleiben? Wie kannst du das erklären?

Das ist ganz einfach. Die Seele braucht diese Kraft, um in ihre eigentliche Form und Kraft zu finden. Diese Impulse beginnen ja jetzt erst. Dadurch wirst du einerseits bewusster und andererseits aber, kannst du diese Bewusstheit der Kraftveränderung noch nicht in wirkliche Kraft umsetzen. Das bedeutet, dass du die Wahrnehmung beginnst, aber die Werkzeuge des Körpers und der Seele noch gar nicht wirken können. Das ist wie ein Impuls in den Geist, doch die Werkzeuge generell können noch nicht alles das tun, was der Geist möchte. Daher beginnen nun sehr wichtige Tage für die Menschen: die **Raunächte.** *Dabei ist zu beachten, dass nun täglich die Energie der Verbindung in die Quelle ansteigt und diese Kraft füllt die Seelen mit Kraft.*

Gibt es für jede dieser Raunächte eine besondere Qualität, die wir festhalten müssen?

Nein. Das ist wie ein Gefäß, das 12 Stufen besitzt, und jeden Tag befüllt es sich ein Stückchen mehr. Diese Befüllung bedeutet nur, dass sich nun die Wahrnehmung der Seele verändert und täglich besser wird. Daher ist es in dieser Zeit wichtig, dass ihr ruht. Viel ruht. Wie ein Wesen, bei dem täglich die Gefäße mit Kraft angereichert werden und am Ende steht die seelische Kraft wieder ganz in ihrer Bestimmung und in ihrem Potenzial. Diese Zeit ist daher wirklich wichtig und besonders in Ruhe zu verbringen, da sie das körperliche System etwas beansprucht. Dieser kräfteverändernde Prozess bedeutet für die Seele, wie auch für den Körper eine Belastung, und diese macht euch so müde. Daher bitte, bleibt in dieser Zeit rastend ruhig und nicht in unterschiedlichen Aktionen und Reaktionen verfangen. Legt euch hin, schlaft, ruht, rastet, aber reist nicht.

Möchtest du zu diesen Raunächten noch etwas sagen? Was ist mit den weißen Kugeln in dieser Zeit?

Die weißen Kugeln beginnen weiter, in ihre Kraft zurückzufinden. Wie eine Wanderschaft der Belebung, beginnen ihre Kräfte, wie auch die Kräfte eurer Seelen, weiter und weiter zu steigen.

Und die Erde?

Die Erde befindet sich in ihrem natürlichen Prozess mit der zunehmenden Sonneneinstrahlung. Sie beginnt ihren Impulsen zu folgen, dem Licht der feinstofflichen Impulse, den Sonnenimpulsen. Daher ist sie in einem ähnlichen Prozess, aber nicht feinstofflich gelenkt, sondern materiell grobstofflich.

∞

Aha, aber ich habe mal gehört, dass diese Weihnachtstage die Umschalttage sind.

Das sind sie, weil, wie ich dir bereits erklärt habe, diese Zeiten bedeuten, dass die Impulse aus dem Kosmos mehr und mehr werden, aber der Körper dem noch nicht folgt. Die Erde braucht keine Umschaltung. Sie wächst genauso wie die Seelen langsam in diese neue Kraft hinein. Die Felder der Erde beeinflussen diesen Prozess nicht und werden von ihm auch nicht beeinflusst. Dies sind zwei verschiedene Paar Schuhe, würdet ihr sagen.

Ich danke dir vielmals Ikarius! Liebe.

Freund der Indianer, ich bitte dich, diese Weihnachtstage zu kommentieren.

Das tue ich gern.
Diese Zeit wird durch verschiedene Impulse aus dem Kosmos anstrengend für das System des menschlichen Körpers. Daher bitte ich folgende Hilfestellungen zu beachten:
Das Leben des Menschen besteht aus Zyklen und dazu sollte der Mensch auch diese Zyklen bewusst leben. Daher bitte ich euch, diese Zeit auch als Zyklus der Beschleunigung wahrzunehmen und respektvoll in Liebe und Dankbarkeit und Freude durch diesen Zyklus zu gehen.
Dazu besorgt euch bitte <u>Weihrauch,</u> denn er besänftigt die Sinne des Körpers und hilft dadurch, diese Divergenz der Energien zu vereinfachen. Der Weihrauch als Harz, wie ihr es nennt, wäre das Beste, um dies zu unterstützen. Diesen Weih-

rauch bitte nehmt und räuchert abends, bevor ihr zu Bett geht, in euren Räumen, um die Sinne wieder in ruhige Positionen zu bringen. Das bitte jeden Abend mehrfach tun, bevor ihr schlafen geht, da dies tagsüber nicht möglich ist. Die Erhöhung der Energie bedeutet auch eine Anspannung in eurem Körper. Daher benutzt den Abend und die frühe Dunkelheit, um diese Anspannung wieder zu lösen. Badet, lebt in Ruhe, feiert in Ruhe und rastet. Das wäre das Wichtigste. Dann bitte begebt euch abends in die Bereitschaft, dass die Seele diesen Zustand lebendig fühlen will und besiegelt die Räume und nehmt die besondere Wahrnehmung dankbar an. Dazu bittet vor dem Schlafengehen um Schutz und seid bereit, dass die Seele nun in diesem beschützten Raum und dieser Bitte des Schutzes die Beschleunigung leben darf. Dann ist alles ohne Gefahr und ohne besondere Verunreinigung zu verleben.

Sollen sie beten?

Nein.

Weil?

Weil die Kraft zu gering ist.

Was ist, wenn die Kraft täglich stärker wird? Soll man diese Kraft feiern?

Nein.

Aber die Menschen sagen, die Träume dieser Zeit sind angeblich bezeichnend für die nächsten 12 Monate.

> *Das ist nicht richtig und viel zu pauschal. Individualität kann man nicht formulieren, da jede Seele anders wahrnimmt und so mancher fühlt nur das Ansteigen der Energie, andere träumen viel und wieder andere leben wie in einem besonderen Rausch. Die nächsten Nächte bedeuten aber keineswegs Weissagungen, Vorhersagen, wie ihr es nennt.*

Also sollte man diesen Träumen gar nicht so viel Bedeutung schenken, richtig?

> *Da ist richtig.*

Einfach nur annehmen, dass dies jetzt geschieht und sich darüber freuen, oder?

> *Das wäre die richtige Beschreibung, ja.*

Möchtest du noch etwas dazu sagen?

> *Das Besondere an dieser Zeit ist die Beschleunigung, die hier nun am deutlichsten fühlbar wird. Denn letztlich beschleunigt ihr jeden Tag bis die nächste Wende der Sonne beginnt. Doch Beschleunigung vollzieht sich immer in langsamen Schritten, wenn man inkarniert ist.*
> *Daher bitte ich, diese Tatsache, dass alles nun beschleunigt, wirklich zu verinnerlichen und zu leben. Nicht gegen die Natur dieser Kräfte leben, sondern mit der Beschleunigung. Die wachsende Wahrnehmung der Kraft bedeutet auch, dass*

ihr täglich verändert wahrnehmt, was euer Leben betrifft. Daher seid in dieser Zeit nur lauschend den Impulsen, die aus eurer Seele kommen. Sie werden sich verändern. Diese Zeit ist wie eine multiple Transformation.

Aber die Menschen beschleunigen doch im besten Falle ihr ganzes Leben lang die Entwicklung ihrer Seele, sofern sie sich um Reinigung und derartige Transformationsprozesse kümmern... Das kommt dann ja sozusagen noch zu diesem Zyklus dazu.

Das ist richtig, denn dieser Zyklus, den wir hier beschreiben, beschreibt die kosmische Wirkung auf eure Seelen in den Körpern. Solange die Seelen aber in sich beschleunigen wollen, wirkt dies noch parallel zu diesem kosmischen Prozess, dann aus sich selbst heraus. Verstehst du?

Ja, ich verstehe. Das eine ist „ich will beschleunigen" und das andere ist ein natürlicher Prozess, in den man eingebunden ist.

Das ist richtig. Dann beginnt die Zeit der Rast des Körpers, und ich bitte euch, in dieser Phase auch wirklich Ruhe zu geben und keine so anstrengenden Aktivitäten zu vollziehen bitte. Dieses Fest, das ihr als Neujahrsfest beginnt, Silvester, ist eine große Herausforderung an die seelische Energie. Denn es ist konträr der eigentlich wachsenden Energie, die aber in Stille geschieht. Bitte lebt in dieser Zeit bedacht, bewusst, rastend und friedvoll. Leise und liebevoll. Fried- und freudevoll.

Ich danke dir vielmals. Liebe.

Die heiligen Drei Könige

Die Beschreibung der Raunächte ist abgeschlossen und nun begeben wir uns in die Beschreibung des Tages „Heilige Drei Könige". Dazu wird Ikarius sprechen.
Lieber Ikarius, ich freue mich, dass du wieder da bist und ich begrüße dich zu unserer nächsten Session. Bitte beginne.

Das tue ich gerne.
Die Heiligen Drei Könige aus eurem Kalender bezeichnen wir als den Lebenskanal. Denn an diesem Tag beginnt die Kraft des Lebens in den Seelen und weißen Kugeln wieder ganz in ihre Form zu gehen. Das bedeutet, dass dadurch die unterschiedlichen und individuellen Formen der Seelen und Kugeln lebendig sind. An diesem Tag und ab diesem Tag ist die Kraft im Kosmos stark genug, diese Formen wieder in ihrer Kraft zu halten. Dadurch begeben sich die beschleunigenden Seelen in den nächsten Zustand des Lebens. Ihre Kraft und damit ihre Verbindung wird weiter wachsen. Doch dies ist der Tag, an dem die Kräfte stark genug sind, um wieder ganz normal in ihrer Form zu leben. Ein Arzt würde sagen, ihr seid „über den Berg". Das nur als kleine Metapher. Doch letztlich hat dieser Tag alle Voraussetzungen, zu feiern, dass die Energie des Kosmos wieder deutlich spürbar für jedermann ist, um alles noch weiter zu beschleunigen.

Also hat das Ganze nichts mit drei heiligen Königen zu tun, richtig?

Das hat besonders auf der Erde nie etwas mit den Märchen der Menschen zu tun und schon gar nicht mit den Impulsen der Institution, die ihr Kirche nennt.
Dieser Tag wäre damit abgeschlossen. Du könntest den Freund der Indianer fragen, was wir an diesem Tag empfehlen würden für ein Ritual.

Gerne. Ich danke dir vielmals.
Liebe.
Freund der Indianer, was würdest du den Menschen an diesem Tag für ein Ritual empfehlen?

Dafür würde ich bitten, dass die Menschen wie schon am ersten Tag dieses Zyklus, als die weißen Kugeln in den Wald gingen, wieder empfehlen, in die Wälder zu gehen, um dort die Lebenskraft und ihre Verbindung in den Kosmos noch reiner zu empfinden. Das wäre alles. Meditieren, liegen, sitzen, lauschen, friedlich sein.

Möchtest du noch etwas berichten?

Nein, nichts.

Dann danke ich euch vielmals für diese Ausführungen.
Liebe.

Ostern

Lieber Ikarius, bitte schreibe, was du zu der Zeit von Ostern festhalten möchtest.

Die nächste Stufe der Beschleunigung und Entfaltung der Kräfte in euch durch die Impulse des Kosmos ist die Lebenskraftbeschleunigung in der Zeit, die ihr allgemein Karfreitag nennt. Dieser Tag befindet sich ungefähr in der Mitte der wichtigsten Beschleunigung in diesem Prozess. Denn nach erneut weiterer Zeit in diesem Abstand wird das Licht wieder umkehren. Doch dazu später.
In dieser Zeit, und damit meine ich allgemein den Freitag bis Montag, wenn Ostern ist, beginnt die Seele Kräfte zu bekommen, die, wenn man sie richtig kanalisiert, Weisheit und Liebe in das Bewusstsein der Seelen bringen können. Damit möchte ich sagen, dass diese Zeit wunderbar ist, um sich der Erweiterung und Förderung seiner inneren Kräfte zu widmen.
Dazu hilft es zu verstehen, dass ab dieser Zeit nun die Phase der Beschleunigung eintritt, die Wahrnehmungen insofern verändern kann, als dass sie das Befreien der inneren Blockaden einleiten und damit die Reinigung nun beginnen kann. Diese Zeit jetzt wird die Zeit des Jahres, in der die Seelen viel Kraft haben, um die eigentliche Lebensaufgabe zu leben. Wer die Verbindung in den Kosmos leben möchte, der sollte dies an diesem Tag zelebrieren und verstärken. Denn von nun an wächst diese Energie weiter und weiter und beflügelt die Wahrnehmung der Seele, weil sie sie beschleunigt in die

Form, die noch besser und reiner wahrnehmen kann. Daher wäre meine Bitte, in dieser Zeit weniger in die Aktion des Außen zu treten, sondern nun diesen Zustand der Erfülltheit an kosmischer Kraft zu feiern.

Es beginnt eigentlich an Karfreitag, richtig?

Es beginnt ungefähr dort, um dieses Datum herum. Da die Energien der Menschen verschiedenen Gesetzen folgen, möchte ich dennoch lieber diesen Zeitpunkt und nicht den genauen Tag benennen, als den Zeitpunkt, wenn diese Kraft nun so verstärkt ist, dass sie derartige folgende Schritte besonders begünstigt.

Ich danke dir vielmals.
Liebe.
Freund der Indianer, was können wir tun?

Dazu hat Ikarius schon benannt, was eigentlich das Richtige wäre: Die innere Rast und Ruhe, um diese Wahrnehmung zu fühlen und in ihr zu leben. Nicht das äußere Leben dieser Kräfte, sondern das innere Fühlen wäre für diese Zeit empfehlsam. Rate daher allen Menschen um die Zeit des Festes, das ihr Ostern benennt, das Meditieren in euren Heimen oder in der Natur in Wäldern. Dort würde euch viel Kraft erreichen, die letztlich allen zugute kommt.

Was ist mit den weißen Kugeln?

Die weißen Kugeln leben an diesem Tag weiter und erhal-

ten genauso wie ihr diese verstärkte Kraft. Doch ihre Wirkung hat längst begonnen und nun beschleunigt auch sie weiter. Die weißen Kugeln beschleunigen nun in jedem Moment noch mehr. Die Erde bewegt sich weiter dahin, wo die kosmischen Impulse letztlich auch sie berühren. Doch dort sind wir noch nicht.

Möchtet ihr noch etwas zu dieser Zeit sagen?

Nein.

Dann sind wir damit fertig?

Ja.

Was ist denn der nächste Punkt?

Der nächste Punkt wäre der Tag des Lebens. Der Tag der Beendigung der Beschleunigung. Wir nennen dies den Tag der Wünsche.

Wieso der Tag der Wünsche?

Weil dann die Impulse in den Kosmos beschleunigt werden wie nie anders.

Danke euch vielmals, meine Freunde.
Liebe.

Die Sommersonnenwende

Lieber Ikarius, ich bin bereit, deine weiteren Informationen aufzuzeichnen, auf dass wir sie der Menschheit hinterlassen. Bitte beginne.

Das nächste Datum, das ich benennen möchte, wäre der heilige Lichttag.

Was ist der heilige Lichttag, und vor allem wann? Und warum heißt er so?

Das Licht der Sonne beschleunigt über die Tage und Nächte des beschriebenen Zeitraumes mehr und mehr und findet die Krönung aller Kräfte und Potenziale an einem ganz besonderen Tag, dem Tag des heiligen Lichtes. Dieser Tag und auch die Nacht werden von den Kräften des Kosmos und allen feinstofflichen Wesen als die mächtigste und verbindendste Möglichkeit der Verbindung mit der Erde angesehen, und deshalb ist dieser Tag auch für die Erde und alle ihre Energiefelder die Krönung der Potenziale. Denn alle Energie wird aus einer Quelle gespeist. Das habt ihr bereits aus dem Buch mit Freund der Indianer erfahren. Diese Quelle aber erreicht nicht jede Form immer und in jeder Natur gleichwertig. Damit ist auch die Bewegung eines Planeten gemeint, welche auch vielerlei Potenzial der Beeinflussung der Quelle in der Materie bedingt.
Und an diesem Tag ist diese Beeinflussung in ihrem besten Potenzial und ihrer höchsten Kraft auf der Erde möglich.

Daher ist dies das Fest des heiligen Lichtes. Denn nicht nur das Licht der Sonne ist an diesem Tag am längsten und stärksten, nein, auch die kosmische Kraft, das kosmische Licht in allem, was lebt, wirkt an diesem Tag am stärksten in alles hinein, das lebt. Dies ist, wenn du es so betrachten möchtest, die bedeutendste, wundervollste, reinste und beste Verbindung in die Kraft der Quelle. Daher wirken an diesem Tag die Kräfte der Quelle und damit auch alle feinstofflichen Energien auf der Erde in ihrem höchsten Potenzial.

Was bedeutet das für die Erde?

Dass ihre Kraft, wie auch alle Felder, die aus der Sonne gespeist werden und damit aus der kosmischen Quelle, an diesem Tag am stärksten wirken.

Was bedeutet es für die weißen Kugeln?

Die weißen Kugeln leben an diesem Tag in ihrer stärksten Kraft auf Planet Erde. Das bedeutet, dass sie in all ihren Örtlichkeiten, die sie bewohnen, das Leben am lebendigsten, kraftvollsten und liebevollsten beschleunigen und reinigen können. Die Verbindung der kosmischen Welten ist an diesem Tag am stärksten, da allein durch die Drehung der Erde und das Befinden der hohen Sonnenenergie auf der Erde, die Ganzheit des Systems als solches am besten ausgedrückt lebt.

Wie meinst du „am besten ausgedrückt lebt"?

... sich in seinem höchsten Potenzial befindet... Die weißen

Kugeln, der besondere Impuls des Komos. Alles, was an diesem Tag auf der Erde geschieht, wird also kosmisch gelenkt, wie es sonst an keinem anderen Tag gelenkt werden kann. Daher ist meine Bitte an euch, <u>dass ihr bitte diesen Tag als einen der kraftvollsten, liebevollsten, beschleunigendsten und freudvollsten Tag des Jahres feiert.</u>

Damit meine ich, dass das hohe Potenzial, das dieser Tag in all seinen Formen und Verbindungen mit sich bringt, gefeiert werden sollte, indem ihr Verbindungen in den Kosmos lebt. Wirkt in Liebe und Hingabe und die Wünsche, die ihr formulieren möchtet an diesem Tag in Liebe und Verbindung der kosmischen All-Kraft gegenüber, können in ihrer höchsten Kraft formuliert und zelebriert werden. Dieser Tag ist der wirkungsvollste Tag in eurem Zyklus des Jahres, wenn ihr mit den feinstofflichen Kräften in Zusammenhang wirken möchtet. Alles ist in diesem Moment in seinem besten Potenzial vorhanden. Wisset das.

Lieber Ikarius, ich hatte einmal in einer Session mit dem Freund der Indianer nachgefragt, dass es dann ja dieser Tag wäre, an dem man seine Wünsche formuliert und nicht zu Silvester oder Neujahr.

Das ist richtig. Deshalb ist es auch der Tag der Wünsche. Dies ist der Wunschsatz in seiner besten Qualität, weil hier alle Worte und Ideen, Gedanken und Gefühle, die ihr in den Kosmos gebt, wirkungsvoll und schnell umgesetzt werden können. Die Formulierung von Wünschen in der Zeit der Raunächte ist, als würdest du in das Meer der Wünsche mit tausend blockierenden Filtern sprechen. Der Wunsch würde nicht einmal verstanden werden. Angesichts der Qualität, die diese Wün-

sche an diesem Tag haben.

Dann wäre diese Sommersonnenwende ja eigentlich der beste Tag, um Versprechen zu geben, oder?

Das ist richtig.

Wenn man an diesem Tag etwas in Worte formt und mit ihnen Wünsche formuliert, die man mit der Kraft der Liebe unterstützt, dann hat das das Potenzial, ganz stark zu werden, weil es einen direkteren Draht in die Quelle oder den helfenden Kräften findet, richtig?

Das ist richtig. Die Verbindung ist an diesem Tag um ein Vielfaches stärker als ihr glaubt, und dadurch wirken alle eure Impulse an diesem Tag am stärksten.

Das habe ich verstanden. Möchtest du noch etwas zu diesem Thema sagen?

Das war die Essenz. Nun kann Freund der Indianer diesen Tag mit Ritualen befüllen. Als Nächstes möchte ich über die Verringerung dieser Energie berichten. Dazu gibt es auch verschiedene Stufen.

Vielen, vielen Dank.
Liebe.
Dann bitte ich Freund der Indianer zu mir. Lieber Freund der Indianer, was möchtest du mir zu diesem bedeutungsvollen Tag sagen?

Die Rituale dieses Tages sind mannigfaltig. Ich möchte daher

wenige, aber wirkungsvolle benennen.
Beginnen wir bei dem Liebesritual. Alle Kräfte, die an diesem Tag wirken, beleben alle Wünsche. Daher bedeutet dies, dass ihr bitte in die Kraft der Liebe geht und diese weitet. Im konkreten Beispiel:

- *Du begibst dich in die Ruhe und beginnst die Meditation. Dort beginnst du die Verbindung mit all den kosmischen Energien, die nun sehr stark um dich herum sind, und bittest sie um Liebeskraft. Dies beschleunigt deine Verbindung und öffnet dein Herz. Dadurch wird die Kommunikation mit den feinstofflichen Welten nun noch besser. Und das bringt dir neue Impulse für dein Leben. Sei bereit.*
- *In der nächsten Folge bitte beginne die Wünsche, die du hast, in die klarsten und einfachsten Worte zu formen, die du kennst, und dann beginne diese laut zu formulieren. Die Liebe, die du vorher in dich gebetet hast, arbeitet nun aus dir heraus und beginnt diese Worte in ihrer besten Form zu materialisieren, und dabei helfen all die dich umgebenden Kräfte.*

War das das Liebesritual?

Ja.

Und wie geht man da wieder raus?

Das kannst du tun, solange du möchtest, und dann bedanke dich und nehme Abschied in Liebe.
Danke.
Liebe.

Und was gibt es noch für ein Ritual?

Das nächste Ritual wäre die <u>Verbindung mit der Natur,</u> die an diesem Tag verstärkt Impulse aus dem Kosmos aufnimmt und transformiert. Das wäre die Fortführung des Rituals, das du in der Winterzeit und als die halbe Lichtbeschleunigung (Ostern) war, in den Wäldern begonnen hattest.
- *Begib dich in den Wald und gehe dort in die Meditation.*
- *Verbinde dich mit den Pflanzen und fühle die starke Kraft und die vielen Lebewesen in deiner Nähe.*
- *Dort kannst du nun auch deine Wünsche formulieren und abgeben. Diese beschleunigen wie alles an diesem Tag weiter und weiter.*
- *Dann beendest du es genauso wie immer, indem du dich bedankst und in Liebe gehst.*

Gibt es noch ein anderes Ritual?

Die <u>liebevolle Verbindung mit der Sonne</u> ist an diesem Tag ein Ritual, das viel zelebriert wird und wurde. Du kennst sicher Orte, an denen die Strahlen der Sonne wie ein magisches Ereignis gefeiert werden an diesem Tag. In Ägypten, in China, bei den Inkas, überall - auch in Frankreich. Wo immer du hin fühlst oder denkst, findest du Orte, an denen Menschen diesen Tag feiern. Das taten sie noch nie, weil sie Langeweile hatten, sondern weil sie die Bedeutung dieses einen Tages wussten aus der Verbindung mit den feinstofflichen Welten heraus.
- *Daher begib dich, wenn du möchtest, in eine Position, die die Sonne direkt betrachtet. In dieser Position meditiere und betrachte die Sonne mit geschlossenen Augen, fühle die*

Kraft, die sie ist und die sie gibt. Lebe die Verbindung in ihrer Form, die du wahrnehmen kannst.
- *Fühle die Wärme, das Licht, das dich berührt und beginne dich direkt mit der Sonne zu verbinden, denn sie wiederum beschleunigt deine Verbindung in die Quelle. Dies reinigt deine Felder und du kannst in diesem Moment um ein Vielfaches Beschleunigung deiner Seele schenken.*
- *Fühle wie kraftvoll diese Impulse sind und bedanke dich am Ende in Liebe.*

Die nächsten Rituale wären Rituale, die ihr alle in Liebe in einem stillen Moment tun könnt.

- *Ihr, die ihr nicht an diesem Tag in Meditation gehen könnt, braucht nur einen Moment der Stille, der euch führt, dass ihr diese Kraft des Tages wenigstens für einen Moment empfinden könnt. Die Liebe aus euch, die Kraft in euch, all dies bleibt verbunden und kann an diesem Tag noch stärker in diese Verbindung finden.*
- *Daher bitte ich alle, die an diesem Tag besonders eingebunden sind, nehmt euch bitte einen Moment der Stille, und wenn es am Morgen, wenn ihr aufwacht, ist, und formuliert die Bitte, die ihr habt, in Liebe und Verbindung mit dem Kosmos, der an diesem Tag direkt mit euch verbunden ist. Direkter als den Rest des Jahres.*

Also ist es egal… Man muss nicht sitzen, stehen oder eine Meditationshaltung einnehmen…

Genau. Das ist egal, solange die innere Bereitschaft besteht.

Möchtest du noch etwas sagen?

Nein.

Diese Kraft des kosmischen Vaters und der kosmischen Mutter an diesem Tag - besteht die nur am Tag oder ist sie auch abends da?

Diese Kraft ist nur tagsüber so hoch, doch die Verbindung in die feinstofflichen Welten findest du leichter, wenn du abends meditierst, weil die Kräfte des Kosmos alle noch ungestörter wirken können. Die Frage ist schwer zu beantworten, da tagsüber, wie ihr es nennt, mehr Sonnenkraft die feinstofflichen Kräfte befeuert, aber abends so viel Kraft da ist, dass die allgemeinen feinstofflichen Energien wirksamer sind als zuvor, wenn die Menschenwelt so aktiv ist. Wer also meditieren kann am Abend, der sollte dies tun, da dann die Energien noch ungestörter wirken können. Doch gleichzeitig ist die Verbindung mit der Sonne tagsüber auch sehr, sehr wirkungsvoll und ein ganz anderer Zugang. Daher bitte nimm einfach zur Kenntnis, dass der ganze Tag in seiner Qualität außergewöhnlich, wunderbar, kraftvoll, liebevoll und stark ist. Diejenigen, die tagsüber meditieren möchten und die Verbindung zur Sonne nutzen möchten, um die Verbindung in die Quelle noch intensiver zu fühlen, diese sollten dies tagsüber tun. Wer abends die Stille und die feinstofflichen anwesenden Energien noch stärker fühlen möchte, der sollte dies am Abend tun. Beides ist gleichwertig und gleichwertig stark.

Möchtest du noch etwas sagen?

Nein.

Dann danke ich euch beiden vom ganzen Herzen. Liebe.

Sommer

Wir beginnen das nächste Kapitel. Wer möchte beginnen?

Ikarius.

Lieber Ikarius, ich freue mich, dass du wieder da bist.

Das tue ich auch. Wenn du die Materie so weiter manifestierst, dann werden wir bald fertig sein.

Ach Ikarius, ich habe eigentlich keine Eile. Aber danke.

Du weißt, was ich meine. Ich wollte dir ein Kompliment machen, dass du sehr konzentriert bist.

Nun ja, aber der Ort, an dem wir leben, ist nicht unbedingt rein und das macht es mir nicht wirklich leicht.

Dennoch schaffst du es.

Nun bitte, beginne. Wo möchtest du weitermachen?

Die nächste Zeit des Lichtes wird die Zeit, in der die Kraft des Lichtes wieder abnimmt. Das bedeutet, dass die Lebenskräfte wieder weniger werden und dadurch auch die kosmische Kraft in allem, was lebt. Dies bedeutet, dass das weitere Wachstum der Kräfte in den Körper nicht mehr möglich ist, sondern nur noch die beständige Abnahme dieser Kräfte. Wenn die Menschen verstehen, dass dies nun das mächtige Konstrukt des lieben, weisen, kosmischen Vaters und der kosmischen Mutter ist, dann verstehen sie auch, dass dieser Zyklus die Liebe des Kosmos widerspiegelt wie die Wirkungsweisen des Lebenszyklus auf der Erde in den Jahreszeiten. So hat der Kosmos die Wirkungsweisen des Lichtes auf der Erde für alle Lebewesen und alle feinstofflichen Lebewesen in diesem System erschaffen. Das bedeutet, dass der Lichteinfluss die kosmischen Kräfte allesamt lenkt in der Materie, die ihr belebt wie auch in der Materie, die wir ohne Körperkleider beleben. Dennoch befindet ihr euch in einer direkteren und intensiven Beeinflussung durch diese Kräfte. Wir in den feinstofflichen Ebenen haben keinerlei Jahreszeiten, wie ihr sie erfahrt durch die Bewegung des Planeten. Doch wir haben auch Momente, in denen mehr Licht in den kosmischen Ebenen herrscht und weniger Licht. Wobei hier das Licht natürlich nicht die Sonne, sonder die Quelle erzeugt.

Danke dir für diese Ausführung und Differenzierung, lieber Ikarius. Doch was bedeutet es nun für die Menschen, wenn ab diesem Tag des heiligen Lichtes das Licht immer weniger wird?

Dies bedeutet lediglich, dass sie wissen müssen, dass nun das Wachstum der inneren Kräfte nicht mehr so leicht möglich ist, wenn nicht gar unmöglich. Denn wenn ihr mit dem Zyklus des Kosmos leben wollt, dann bedeuten die folgenden Monate, dass ihr die Kräfte langsam wieder zurückzieht und nicht gegen die Natur lebt: Gegen die Natur des Kosmos meine ich.

Das heißt, eigentlich bedeutet es nur, dass wir wissen sollen, dass die Kraft wieder weniger wird und wir nicht erwarten sollen, dass die Seelen weiterhin beschleunigen. Oder?

Das ist richtig. Diese Zeit jetzt bedeutet langsam wieder die Entschleunigung dieser Kräfte und damit andere Wahrnehmungen, beispielsweise wie leise die Natur wird, die um euch ist und wie die Kräfte in euch langsam weniger werden. Dies bedeutet nicht, dass ihr lebensschwächer werdet. Dennoch bedeutet es, dass die Seelen in euch langsamere Impulse bekommen. Daher bitte übermittle den Menschen, dass diese Zeit lebensverändernd wirkt, indem sie von euch fordert, dass ihr in die Stille und in die Ruhe beginnt zu gehen. Dies dauert natürlich, wie auch der Kräfteanstieg dauerte, und als wesentlichen Punkt möchte ich die Zeit um die Monatswende von dem September in den Oktober benennen. Denn dann beginnt die letzte Phase der Lebenspause der Kräfte. Diese letzte Phase bedeutet, dass ihr die weniger werdende Kraft und die langsameren Impulse aus dem Kosmos nun noch intensiver nutzen solltet, um die <u>Weisheit in euren kraftvollen Seelen zu formen.</u> Damit meine ich, dass ihr noch mehr in die Stille geht, noch mehr in die meditative Konzentration aller Kräfte, die ihr seid. Das kann am besten abends geschehen. Wenn die kalten Winde weniger werden und die Übergänge des wilden Herbstwindes in die Stille der Nacht geschehen, dann beginnen die Seelen langsam in die Stille noch intensiver zu tauchen. Diese Zeit bedeutet letztlich nur, diesen Rückzug weiter zu feiern. Das ist alles. Weniger oder mehr gibt es dazu nicht zu sagen.

Freund der Indianer, möchtest du jetzt reden?

Ja.

Was möchtest du zu dieser ganzen Zeit sagen?

Die Phasen dieser Lebenszeit, die in den Rückzug gehen, darf ich allesamt als die Zeit der Einkehr bezeichnen. Die Seelen beginnen die Einkehr. Damit einher gehen viele Rituale des Abschieds, die ihr feiern könnt. Damit möchte ich sagen, dass ihr die Übergänge der jeweiligen Wahrnehmungszyklen besonders nutzen könnt, um die jeweiligen Impulse in den Kosmos zu geben. Wie ihr an dem Tag des heiligen Lichtes die höchste Kraft der Formulierung der eignen kraftvollen Impulse nutzen konntet, so beginnt nun die Zeit, in der ihr die Impulse nutzen könntet und solltet, um die Reflektion über euer Leben zu begehen. Liebevolle Meditation über das Erfahrene, das Erschaffene, das Materialisierte, das Unerschaffene und das, was noch zwischenmenschlich vergeben werden möchte, werden nun diese Zeit liebevoll füllen. Die Abende und die Nächte werden länger und diese Zeit kann man nutzen, um in dieser Dunkelheit noch tiefer in das eigene Licht zu gehen. Das bedeutet, dass ihr bitte die Tage in eure Verrichtungen wirkungsvoll lebt und dann die Nächte in die Kraft der Meditation geht. Denn nun leben die Seelen langsam mehr und mehr in dieser Dunkelheit der kosmischen Kraft. Das und die weniger lebendigeren Impulse beginnen nun die letzte Phase des Zyklus des Lichtes. Dies waren meine Ausführungen dazu.

Und was ist mit den weißen Kugeln, meine lieben beiden Freunde?

In dieser Zeit leben die weißen Kugeln genauso wie ihr den Zyklus dieser allgemeinen Rhythmen und begeben sich auch in den Rückzug langsam und immer langsamer.

Möchtet ihr noch etwas dazu sagen? Ikarius, was ist denn dann der nächste Tag?

Die Liebesfeier.

Wann ist die denn?

Dieser Tag ist die besondere Position der Erde zu der Sonne und den Lichtkräften, die die Verbindungen der Liebesfrequenz bestmöglich ermöglicht. Doch dazu gleich mehr.

Vielen, vielen Dank.
Liebe.

Halloween

Lieber Ikarius, was möchtest du mir als Nächstes berichten?

Es beginnt eine lange Zeit der Verringerung der Kräfte. Die lebensnotwendigen und lebensfördernden Kräfte verringern sich langsam und verändern dabei die Wahrnehmung der Menschen. Die weißen Kugeln haben keine so starke Kraft mehr, um euch zu reinigen und die Kommunikation mit den anderen Welten zu beschleunigen. Im Gegenteil: Sie verlieren selbst an Kraft und dadurch verringert sich ihre Verbindung in die feinstofflichen Welten. Die Verbindung zwischen den weißen Kugeln und Menschen beginnt dadurch eine andere zu werden. Für ein besseres Verständnis: die Kugeln beginnen die Kraft in sich zu leben, um in sich zu existieren, und dadurch verlieren die Verbindungen, die ihr habt mit ihnen, etwas an Kraft. Dadurch wirken die Menschen etwas weniger kraftvoll und dadurch auch etwas weniger liebevoll. Die Freude wird weniger, da sie wie ein Maßstab der kosmischen Energie in euch fließt, und diese Zeit wird nun die Herausforderung der Menschen und ihrer Kraft.

Bitte berichte weiter.

Dann beginnen die Wahrnehmungen der Liebesenergien mehr und mehr zu werden. Im Sinne von, dass die Frequenz, die der Kosmos als Liebeskraft sendet, nun mehr und mehr wahrgenommen werden kann über die menschlichen Sinne des Kör-

pers. Wie eine Annäherung eines Systems an das andere werden jetzt Rückzug der Lebenskräfte und Innenschau zu der Möglichkeit, dass ihr Liebeskräfte noch deutlicher in euch empfindet. Dies findet seinen Höhepunkt an dem Tag, den ihr Halloween benennt. Dieser Tag bildet die perfekte Koexistenz des Lebens in einem Körper auf der Erde und des Liebens im Kosmos. Die natürlichen Kräfte leben nicht mehr so kraftvoll um euch herum, weil die Natur nun weitestgehend in ihren Schlaf geht. Die kosmischen Kräfte wirken weitestgehend weniger um euch, da sie weniger Licht zur Verfügung haben, um die Frequenzen des Lebens auf der Erde zu erreichen. Die Liebe ist letztlich dann die einzig wirklich starke lebensdurchstrahlende Kraft, die euch belebt, weil alles andere verringert wurde. Daher bildet dieser Tag die feierliche Mitte dieser Frequenzen, die Liebesnacht. Und die wird an diesem Tag außergewöhnlich kanalisiert durch eure körperliche Liebe.

Die Menschen feiern diese Nacht ganz anders, sie ziehen sich lustig an, verkleiden sich und wollen damit die Toten verschrecken.

Das ist nicht basiert auf energetischen Gesetzen. Dies ist die Folge der Geschichte der Menschen, aber keinerlei energetische Wahrheit.

Verstehe. Lieber Ikarius, möchtest du noch etwas dazu sagen? Soll Freund der Indianer uns mal ein Ritual beschreiben, ja?

Das wäre gut.

Dann danke dir.

Liebe.
Freund der Indianer, bitte sprich.

> *Die Rituale an diesem Tag sollten alle liebesfördernd sein. Wenn du mich nach einem vollkommenen Ritual fragen würdest, würde ich die Umarmung und die Befriedigung der Sinne des menschlichen Körpers an diesem Tag an erste Stelle stellen. Rituale, die Sex und Liebeskraft miteinander verbinden, diese sind an diesem Tag bestens gefördert.*

Und wenn das jemand nicht kann, aus verschiedenen Gründen, weil er allein ist oder so... Was würdest du ihm dann anbieten?

> *Dann würde ich ihm liebevolle Begegnungen empfehlen. Wenn er Freunde trifft oder andere Bekannte, denen er liebevoll begegnen möchte.*

Das war's? Kein Naturritual?

> *Nein. Die Liebe lebt in euren Herzen, nicht durch die Natur um euch herum. Diese Kraft muss in euch gefördert werden, nicht um euch herum.*

Das habe ich verstanden. Danke dir vielmals.
Liebe.
Lieber Ikarius, was ist die nächste Stufe?

> *Die nächste Stufe ist der wiederholende letzte Mond. Dies bedeutet, der Jahreskreis der Energien endet hier. Wir werden dazu dann eine beendende Besprechung machen, wenn*

du möchtest.

Dann danke ich euch vielmals.
Liebe.

Schlusswort

Freund der Indianer, bitte, was möchtest du nun berichten zum letzten Mond?

Eine Reise geht zu Ende.
Die Reise des Lichtes und der kosmischen Energien.
Die Beschleunigung wurde zur Entschleunigung.
Die Verbindung der verbindenden Kräfte wurde stärker und wieder schwächer.
Das Licht belebte die Lebensformen und verließ sie wieder.
Das alles wiederholt sich im Lauf des Seins jedes Jahr an jedem Ort der Planeten und verbindet auf diese Weise die belebenden mit den weniger belebenden Kräften. Dies alles ist Teil des Ganzen. Teil des Seins aller lebendigen Formen und wird es auf ewig bleiben. Wo eine Sonne ist, ist die Quelle des Lichtes für das Leben auf dem Planeten. Doch wo eine Quelle des Lichtes auf dem Planeten ist, herrscht dahinter immer noch weiteres. Daher betrachtet die Bewegungen des Kosmos alle als kosmischen Motor hinter all den Bewegungen und besonderen Wahrnehmungen auf den Planeten.

Dies waren die Beschreibungen der Impulse des Kosmos, die ihr als Lebenszyklus des Jahres erfahrt. Das und die feinstofflichen Hintergründe dazu waren Inhalt dieses Werkes. Nicht mehr und nicht weniger. Das Leben aber ist noch vieles mehr als nur dieser Zyklus. Daher lade ich euch ein, noch weitere Zyklen des Seins zu betrachten, wenn wir sie hier festhalten.

∞

Beispielsweise der Zyklus der Lebensaufgabe - wann beginnt das Leben? Wo endet es? Und so vieles mehr... Begleitet mich auf diesem Weg und lehrt eure Seelen das kosmische Wissen der Welt hinter eurer Welt.

Lieber Freund der Indianer, möchtest du noch etwas sagen?

Nein, das war's.

Danke dir.
Liebe.
Dann Ikarius, lieber Ikarius, möchtest du noch etwas sagen?

Das waren auch meine Worte. Der Freund der Indianer hat für uns gesprochen. Bitte nehmt diese Worte mit in eure Lebenszeit und verinnerlicht, dass ihr weit mehr seid als nur diese Körper.

Ich danke euch von ganzem Herzen, meine lieben Freunde.
Vielen, vielen Dank.
Liebe.

Fragen und Antworten

Lieber Ikarius, am Ende jedes eurer Werke gibt es ein Kapitel, das mit „Fragen und Antworten" tituliert ist. Hierin bitte ich die jeweiligen Wesenheiten, ganz unterschiedliche Fragen zu beantworten. Vor mir liegen ein paar Fragen zu einem Buch, das den keltischen Jahreskreis beschreibt. Ich bin der Meinung, dass die Kelten sehr nah mit den feinstofflichen Welten verbunden waren. Deswegen würde ich gerne diese Tage, die sie genannt haben, kurz abfragen. Darf ich das?

Das darfst du.

In diesem Buch sagen sie, dass es Sonnen- und Mondfeste gibt. Kannst du dazu etwas sagen?

Das kann ich. Die Sonnenfeste sind die wirkungsvolleren Tage, die Mondfeste sind die Phasen der Zeit zwischen den Sonnenfesten.

Ich sehe hier, dass die Kelten das erste Fest im Jahr „Samhain" nannten. Es findet in der Nacht zum 1. November statt. Das ist also das keltische Neujahr oder auch Halloween in unserer Welt.
Sie schreiben hier in dem Buch, dass dieses Fest insbesondere den Toten geweiht war, weil dieser Tag als Übergang zwischen dem Licht und dem Nicht-Licht galt. Ist da tatsächlich eine besondere Energetik zwischen den Toten und den Lebenden?

Du hast übermittelt, welch energetische Hintergünde an

diesem Tag wirken, die eine besondere Beschaffenheit der Energetik auf der Erde beschreiben. Die sich verringernde feinstoffliche Kraft und die dadurch steigende Präsenz der körperlichen Wahrnehmung bilden eine besondere Qualität. Doch eine besondere Verbindung zu Verstorbenen ist an diesem Tag nicht vorhanden. Eine überlappende Frequenz zwischen Diesseits und Jenseits bedeutet noch lange nicht die Wahrnehmung dieser. Verbindet euch mit der Körperlichkeit in euch und ihr dürft eine eindrucksvolle Erfahrung sammeln.

Freund der Indianer, gibt es dazu etwas zu beachten?

Nein.

Sie weisen auch darauf hin, dass es das Fest der Ahnen ist. Würdest du das auch sagen?

Nein. Diese Energetik bedeutet nur eine direktere Verbindung in die erste Welt, aber keineswegs in die Welt aller Ahnen. Wie könnte dies auch sein? Die Ahnen befinden sich nicht alle in einer Welt.

Weiter bezeichneten die Kelten die Wintersonnenwende als Julfest. Dazu haben wir ja schon einiges gesagt, vor allem, was die weißen Kugeln angeht. Aber hier wird berichtet, dass die Zeit nach Weihnachten die Zeit ist, in der die Seelen und Ahnen über die Erde hinwegfegen und man ihnen Nahrung vors Haus stellen solle. Was hast du dazu zu sagen?

Das sind süße Märchen, die aber keineswegs der Wahrheit

entsprechen. Die Verstorbenen befinden sich immer um euch. Die Tatsache, dass ihr Tage habt, an denen die Verstorbenen mehr, aber auch Tage, an denen sie weniger wahrgenommen werden können, ist alles, mehr aber auch nicht. Niemand zieht über die Erde hinweg und braucht die materielle Nahrung. Die Seelen, die Hilfe suchen in eurer Umgebung, brauchen eure Hinwendung und Liebe, nicht aber materielle Nahrung.

Verstehe. Gut, zu den Raunächten haben wir ja schon viel gesagt... Als Nächstes haben die Kelten das Fest „Imbolc" am 2. Februar, hier geht es um das Erwecken der Kräfte. Darüber haben wir gar nicht gesprochen. Gibt es dazu etwas zu berichten?

Nein. Das ist kräftemäßig keine nennenswerte Komponente. Lediglich die langsam wieder beschleunigende, belebende Natur wäre zu benennen, doch wir haben die Feinstofflichkeit dieses Jahreskreises benannt und dazu ist an diesem Tag nichts Bemerkenswertes zu benennen.

Dann beschreiben die Kelten das Fest „Ostara", Ostern. Dazu haben wir ja auch schon etwas gesagt. Dann kommt die Walpurgisnacht. Ist das etwas, worüber ihr sprechen möchtet?

Nein.

Gut. Nochmal zur Walpurgisnacht. Die wird hier ziemlich bunt beschrieben, als Hochzeit der Hexen mit dem Mond... Ist da wirklich gar nichts energetisch?

Das Beschreiben dieser Kräfte würde unser Werk vergrößern

und unnötig verwirren. Belassen wir es bitte bei unseren Beschreibungen.

Nur ganz kurz: Was genau ist denn so komplex an der Walpurgisnacht?

Das Verabschieden der weltlichen, materiellen Impulse und das Wirken der feinstofflichen Impulse in ihrer stärksten bisherigen Form auf Planet Erde. Dies aber wäre die Beschreibung für ein Buch, das die feinstofflichen Kräfte näher beschreiben würde. Wir konzentrieren uns auf die Energetik der Erde und der weißen Kugeln.

Als Nächstes beschreiben sie die Sommersonnenwende, genannt „Litha", und dass man in dieser Nacht übers Feuer springen soll, um Dinge, die gereinigt werden sollen, dort hineingeben zu können. Was möchtet ihr dazu sagen?

Das wäre möglich. Wir beschreiben die feinstofflichen Welten dieses Festes. Daher berichte bitte unsere Botschaft. Wer diese leben will, kann dies gerne tun, doch diese hier sind auch wirkungsvoll.

Dann beschreiben sie hier den Tag „Lughnasadh". Das ist der 2. August. Gibt es dazu irgendetwas zu sagen?

Nein.

Dann kommt „Mabon", am 21. September.

Nein.

Ich möchte gerne noch wissen, warum dieses Wissen und die Bedeutung unserer heutigen Feste so weit auseinander gegangen sind.

Du weißt die Antwort, Liebes.

Aber ich möchte sie mit euren Worten hören.

Die Menschen leben wenig in Verbundenheit mit den Welten der Feinstofflichkeit. Daher haben sie in ihrem Verständnis diese Punkte mit vergangenem Wissen erläutert und versucht, daraus einen sinnvollen Zyklus zu machen. Doch letztlich ist die Beschreibung der menschlichen Feste nur eine Abfolge von festen Punkten der Energetik, die alte Weise übermittelt haben, und den dazu benannten Festen, die sie in ihrer Wahrnehmung feiern wollten, um dadurch eine Art Verbundenheit zu erschaffen. Doch die eigentliche Verbundenheit beginnt nicht über das Feiern derartiger Punkte, sondern über das Fühlen dieser Energetik. Und wir beschreiben hier nur die fühlbaren Punkte. Nicht aber die menschlich dazu geformten Feste.

Verstehe. Möchtet ihr noch etwas dazu sagen?

Nein.

Dann danke ich euch vielmals für die vielen wunderbaren Impulse. Ich werde sie in die Welt tragen.

Danke. Liebe.

Nachwort Sylvia

Das Leben ist eine ständige Abfolge sich bewegender Energien. Das Wissen um die Abläufe dieser Energien, hilft uns, das „Sein" in Ihnen besser zu verstehen und in Harmonie mit Ihnen zu wirken.

Ikarius hat mich, wie jede Wesenheit auf ihre Weise, wieder in eine ganz andere Wahrnehmung all dessen gebracht, was alles längst und immer um uns ist. „Seine" Energie war sehr hochschwingend, fast der Weisen Bruderschaft ähnlich, und doch so anders.

Und wie wir alle wissen, formen uns unsere Taten noch mehr als unsere Gedanken. Und auch dieses Werk hat mich einmal mehr noch demütiger, dem großen Ganzen gegenüber gemacht, in dem wir uns alle voller Verantwortung entfalten dürfen.

Ich weiß nicht, wohin diese Reise geht, aber ich weiß, dass sie mir unendliche Freude, Kraft und Dankbarkeit schenkt und ich mit großer Neugier weiter mein Leben dazu nutzen werde, dieses Wissen, für die Menschheit fest zu halten.

Danke, daß ich so wirken darf, danke dass ich all dies für die Ewigkeit festhalten darf.

Danke.
Liebe.

Bezugsquellen

Zum Stabilisieren der Energie:
Weihrauch Oman
http://www.bitto.at/

Schutz:
Ich habe lange gesucht, um ein universelles Werkzeug zu finden. Es ist leider nicht sehr günstig, aber dennoch hat es mich durch wirklich dauerhafte Effizienz überzeugt. Man sollte bei diesem Thema nicht sparen, da es essentiell für unser seelisches Wachstum ist. Dieses Produkt baut für den Träger ein Schutzfeld, das nach meinen Erfahrungen wirklich dauerhaft bestehen bleibt, ohne dass wir bewusst etwas dafür tun müssen. Man muss es nicht zwingend am Hals tragen, sondern nur in Körpernähe.
„Om Tat Sat Anhänger"
http://www.fostac.de

Weitere Werke von Sylvia Leifheit:

Sylvia Leifheit
Das 1x1 des Seins
Fachbuch
Verlag: Trinity-Verlag
Sprache: Deutsch
gebundene Ausgabe, 384 Seiten;
24,4 x 18,4 cm
ISBN-13: 978-3941837478

Digitale Ausgabe (E-Book):
ISBN: 978-9962-702-10-8

Wer bin ich wirklich? Woher komme ich und wohin gehe ich, wenn ich sterbe? Was ist Bewusstsein? Wer Antworten auf die ewigen Fragen des Seins sucht, wird hier durch den der Autorin gegebenen Zugang zu feinstofflichem Wissen langsam und intensiv in die Geheimnisse des Kosmos eingeweiht. In ihrem Erstlingswerk stellt Sylvia Leifheit die verschiedenen Welten und Wesenheiten vor und zeigt, wie wichtig dabei die Eigenverantwortung als die Essenz aller Lehren im Kosmos ist. Sie streift dabei eine neue Sicht auf das alte Kybalion und konzentriert alle Botschaften in einer Neuinterpretation der Zehn Gebote. Eine Auswahl energetischer Gemälde vermittelt auch auf der nonverbalen Ebene geistiges Wissen.

Sylvia Leifheit
JAVAH
Roman
Verlag: Silverline Publishing
Sprache: Deutsch
Paperback und gebundene
Ausgabe, 312 Seiten;
18,5 x 13,3 cm
ISBN: 978-9962-702-01-6

Digitale Ausgabe (E-Book):
ISBN: 978-9962-702-03-0

Javah erzählt uns in ihrer Geschichte durch viele Leben hindurch, wie die Magie des Lebens lange schon Teil der eigentlichen Wahrheit des Seins ist. Sie nimmt uns mit auf eine Reise durch viele Erfahrungen in unterschiedlichen Ländern zu unterschiedlichen Zeiten auf der Erde und zeigt uns dabei, wie das Wissen in ihr immer weiterlebt. Im 1. Teil entführt sie uns in ihre Welt in das alte Ägypten, vor 12.000 Jahren.

Ein spannender Roman, der nicht nur einfach eine Geschichte erzählt, sondern dabei eine Einweihung in altes Wissen vollzieht.

Mit diesem ersten Teil beginnt die Buchreihe.

Sylvia Leifheit
Interviews mit den Wesenheiten von Abadiânia (Band 1)
Fachbuch
Verlag: Silverline Publishing
Erschienen in: deutsch, englisch und portugisisch
Paperback, 352 Seiten;
21 x 14,8 cm
ISBN: 978-9962-702-04-7

Digitale Ausgabe (E-Book):
ISBN: 978-9962-702-05-4

Wer einmal den Heiler Joao de Deus in Brasilien besuchen möchte, erfährt bald von den Wesenheiten die dort durch ihn wirken. Sylvia Leifheit baut über die ihr gegebene Gabe der Kommunikation mit feinstofflichen Energien eine direkte Verbindung zu diesen Wesenheiten auf und ermöglicht dadurch, noch schneller und tiefer in den Heilungsprozess zu gehen. Hier treffen wir auf die meisten bisher bekannten Wesenheiten, die in Abadiânia wirken und lernen sie durch persönliche Gespräche auf eine ganz besondere Weise kennen, erfahren dadurch eine ganzheitliche Sicht auf ihre Arbeit und ein breites Spektrum zu ihrem Leben und Wirken als Mensch, den Erfahrungen ihrer Übergänge sowie weltlichen Themen wie den Religionen und dem Zustand der Menschheit aus ihrer Perspektive.

Sylvia Leifheit
Einweihung in die Geheimnisse des Kosmos (Band 1)
Fachbuch
Verlag: Silverline Publishing
Erschienen in: deutsch, englisch
Paperback, 500 Seiten;
21 x 14,8 cm
ISBN: 978-9962-702-15-3

Digitale Ausgabe (E-Book):
ISBN: 978-9962-702-16-0

Für manche ist es die „Bibel der Energetik", für andere ein Nachschlagewerk zu tiefen kosmischen Abläufen, doch vor allem aber ist es eine Einweihung in das nahezu unendliche Wissen einer Seele, welches dieses über viele Inkarnationen auf unterschiedlichen Planeten gesammelt hat und hier mit der heutigen Menschheit teilt.
Durch die Beschreibung des „Zustands der Menschheit", über die Gesetzmäßigkeiten des „freien Willens", „Der Bedeutung von Leid, Verunreinigung und Bewusstsein", über die „Erfahrung der Kraftlosigkeit" bis hin zur Einweihung in den Ablauf der Reise einer jeden Seele über mehrere Inkarnationen" werden die Wechselwirkungen von Aktion und Reaktion klarer verständlich für Jedermann.

Sylvia Leifheit
Einweihung in Geburt und Tod (Band 3)
Fachbuch
Verlag: Silverline Publishing
Sprache: deutsch
Paperback, 312 Seiten;
21 x 14,8 cm
ISBN: 978-9962-702-19-1

Digitale Ausgabe (E-Book):
ISBN: 978-9962-702-22-1

Die zwei größten Rätsel im Leben eines Menschen stehen am Anfang und am Ende seines Weges. Die Geburt und der Tod.
Der Schritt in und aus dem Unbekannten ist es, dass uns Menschen Angst machen kann. Diese Angst ist unbegründet, wenn wir erkennen, dass diese Momente ganz natürlichen Abläufen folgen. Wie das Ein-und Ausatmen des Körpers, so entsprechen die Übergänge in und aus dem Leben, einem Ein-und Ausatmen der Seele.
Auch dieses Werk von Sylvia Leifheit, ist ein Aufruf an uns, bisherigen Glaubensmuster zu überwinden und sich für eine ganz andere tiefere Wahrnehmung zu öffnen - die Begegnung und Kommunikation mit unserer Seele, die alle Zeit überstehen und nie vergehen wird.

Sylvia Leifheit
Einweihung in die Lebensweisheiten König Salomon´s (Band 4)
Fachbuch
Verlag: Silverline Publishing
Sprache: deutsch
Paperback, 356 Seiten;
21 x 14,8 cm
ISBN: 978-9962-702-25-2

Digitale Ausgabe (E-Book):
ISBN: 978-9962-702-26-9

Mit dem Buch „Einweihung in die Lebensweisheiten König Salomons" legt Sylvia Leifheit ein weiteres Buch der Einweihungsreihe vor, welche sie mit dem Werk „Einweihung durch die Wesenheiten in Abadjania" begonnen hatte.

Die Botschaften, die Sylvia Leifheit von König Salomon erhalten hat, zeigen zugänglich Einsichten in die Abläufe des Lebens, welche dem Leser mit jeder Zeile vor Augen führen, dass hier ein Geistwesen spricht, das mitten im Leben gestanden ist und dabei sehr verbunden mit den kosmischen Kräften wirkte.

∞

„Es gibt keine Grenzen, außer die unserer Wahrnehmung."
Sylvia Leifheit

Danke.

Liebe.

∞

108

∞